Anke und Daniel Kallauch (Hrsg.): Kraftfutter. Die neue Family-Losung.

Herausgeber: Anke & Daniel Kallauch

KRAFTFUTTER

Die neue family-Losung

Mit Illustrationen von Jörg Peter

cap-books

© 2002 cap!-music
Bahnhofstraße 45, 72213 Altensteig
Telefon (0 74 53) 2 75 53, Fax (0 74 53) 2 75 91
Email: info@cap-music.de, Internet: www.cap-music.de

Umschlag-Gestaltung, Satz und Illustrationen:
Jörg Peter (www.Comiczeichner.de)

ISBN 3-935699-09-3
cap-Bestell-Nr.: 51510

Das Fotokopieren, Nachdrucken und Vervielfältigen von Abschriften
nur mit Genehmigung des Verlages.

Bitte fordern Sie kostenlos unsere Prospekte an.

Liebe Familien,

manchmal sagen Leute, wenn einer schlechte Laune hat: »Du bist wohl mit dem falschen Fuß aufgestanden!« Das ist natürlich echter Aberglaube. Aber das, was wir morgens als erstes machen, kann durchaus Auswirkungen auf den ganzen Tag haben!

»Kraftfutter« soll euch helfen, jeden Morgen einen oder zwei Verse aus der Bibel zu lesen. Das kann unseren Tag verändern! Wenn wir schon beim Frühstück hören, wie sehr Gott uns liebt oder dass er einen wunderbaren Plan für unser Leben hat, dann gehen wir ganz anders in den Kindergarten, in die Schule, zum Einkaufen, ins Büro, auf die Baustelle.

Wir wünschen euch, dass es eine gute neue Gewohnheit in eurer Familie wird, täglich diesen »Imbiss« aus dem Wort Gottes zu nehmen. Das ersetzt nicht, dass wir uns Zeit nehmen, um auch ausgiebig über Gott nachzudenken und mit ihm zu reden. Aber ein Anfang ist gemacht.

Wir haben Bibelverse ausgesucht, die man leicht verstehen kann. Viele Autoren haben dann kurze Erklärungen hinzugefügt. Ein Dankeschön allen, die mitgemacht haben.

Wir sind sehr gespannt, welche Erfahrungen ihr beim gemeinsamen Singen, Beten und Nachdenken macht.

Schreibt uns doch unter *www.DanielKallauch.de* und lest nach, welche Entdeckungen andere Familien gemacht haben.

Wir wünschen euch und uns, dass Gottes Wort nicht ohne Wirkung bleibt, sondern erreicht, was ER will. *(Jesaja 55,11)*

Eure Anke und Daniel Kallauch

Mitwirkende Autoren:

A.B. = Arno Backhaus
B.v.B. = Bettina von Bracken
H.B. = Heiko Bräuning
A.B. = Sr. Annette Bürstinghaus
M.D. = Marc Dittberner
E.DS. = Esther Dymel-Sohl
V.D. = Volker Dymel
D.E. = Dietrich Ebeling
C.E. = Claudia Ellinger
J.F. = Jörg Filler
G.G. = Gudrun Gantert
R.G. = Renate Grund
C.G. = Christel Gutekunst
A.H. = Angelika Haltenhoff
M.H. = Matthias Hanßmann
K/B.H. = Kerstin & Bernd Hock
K.H. = Karin Hoffmann
B.J. = Birgit Jahn
A.J. = Armin Jans
W.K. = Wilfried Kempny
A.K. = Anke Kallauch
D.K. = Daniel Kallauch
A.Ke. = Anita Kerekesch

B.K. = Bernd Knobloch
S.K. = Sabine Kötting
S.L. = Susi Lange
A.L. = Alex Lombardi
E.M. = Elke Maar
B.M. = Beate Maier
G.M. = Gertraud Mayer
M.M. = Martin Märkt
H/B.M. = Hannes & Birgit Minichmayr
M.Mb. = Mike Müllerbauer
M.P. = Margit Pflüger
U.Ra. = Ulf Ramminger
W.R. = Waltraud Rennebaum
L.R. = Lisa Rink
U.R. = Ute Rink
R.R. = Rainer Rudolph
C.Schn. = Christian Schnebel
C.Sch. = Sr. Christel Schröder
R.S.= Ruth Senst
E.S. = Elisabeth Stickel
A.T. = Andreas Theis
D.Eh. = Daniel Ehniß
M.Z. = Manfred Zoll

Wir bedanken uns ganz herzlich für die Mitarbeit!

Folgende Bibelübersetzungen wurden verwendet:
HFA = Hoffnung für alle
Brunnen Verlag Basel und Gießen
© 1983, 1996 by International Bible Society
NGÜ = Schriftzitate aus der »Neuen Genfer Übersetzung«
© Genfer Bibelgesellschaft, Postfach CH-1211 Genf
GNB = Gute Nachricht Bibel
Revidierte Fassung, durchgesehene Ausgabe in neuer Rechtschreibung
© 2000 Deutsche Bibelgesellschaft, Stuttgart
LB = Lutherbibel 1984
Revidierter Text 1984, durchgesehene Ausgabe in neuer Rechtschreibung
© 1999 Deutsche Bibelgesellschaft, Stuttgart
Abdruck mit freundlicher Genehmigung der Verlage.

1. JANUAR

Wie schön ist das Licht, und wie wohltuend ist es, die Sonne zu sehen! Freue dich über jedes neue Jahr, das du erleben darfst!
Prediger 11, 7 (HFA)

Vater, danke, dass wir dieses neue Jahr mit dir beginnen dürfen. Alles, aber auch alles, was kommen wird, geht durch deine liebenden Hände, bekommt deinen göttlichen Duft und will mir Farbe gerade in grauen Tagen sein. Danke, dass wir dich haben.
W.K.

2. JANUAR

Alle Gebote lassen sich in einem Satz zusammenfassen: »Du sollst deinen Mitmenschen lieben wie dich selbst.« Denn wer seinen Mitmenschen liebt, tut ihm nichts Böses. Deshalb ist die Liebe das Entscheidende an Gottes Gesetz.
Römer 13, 9b – 10 (HFA)

Einfach genial und genial einfach! Hunderte von Gesetzen wären nicht nötig, wenn wir nur einfach Gottes Liebe weitergeben würden...
   Gebet: Herr Jesus, hilf mir, die anderen Menschen heute so anzunehmen, wie du mich annimmst. Zeig mir Gelegenheiten, wo ich deine Liebe weitergeben kann, anstatt nur selbstsüchtig auf meinen Vorteil bedacht zu sein.
B.v.B.

3. JANUAR

Habt keine Angst vor der Zukunft! Es ist doch genug, wenn jeder Tag seine eigenen Lasten hat. Gott wird auch morgen für euch sorgen.
Matthäus 7, 34 (HFA)

Was macht dir Angst? Glaubst du nicht, dass Gott so groß ist und dich so sehr liebt, dass er dir helfen kann? Er will das Beste für dich und dein Leben! Glaube ihm – er sorgt für dich.
A.Ke.

4. JANUAR

Gott sagt: Ich will euch trösten wie eine Mutter ihr Kind.
Jesaja 66, 13 (HFA)

> Meine Mama ist mein bester Freund,
> meine Mama, meine Mama.
> Weil sie mit mir lacht und mit mir weint,
> meine Mama, meine Mama.

(Daniel Kallauch aus CD »Freunde«, © cap!-music, 72213 Altensteig)

5. JANUAR

Herr, du bietest mir Schutz, du bist meine Burg! Du wirst mich führen und leiten, wie du es versprochen hast!
Psalm 31, 4 (HFA)

Gebet: Vater im Himmel, weil du alles kannst, kannst du mich auch am besten beschützen. Wenn ich mich vor etwas fürchte, dann rufe ich zu dir und meine Angst verschwindet. Wenn ich Rat brauche, bekomme ich ihn von dir. Niemand und nichts ist stärker als du. Es ist so gut, dich zu kennen.
R.G.

6. JANUAR

Der Stern, den die Sternforscher im Osten gesehen hatten, führte sie. Er blieb über dem Haus stehen, in dem das Kind war. Da kannte ihre Freude keine Grenzen.
Matthäus 2, 9–10 (HFA)

Ich hab seinen Stern gesehn und ich folge ihm.
Ich geh auch zu Jesus hin und ich folge ihm.
Jesus hat sich klein gemacht,
Jesus kam von ganz weit oben,
hat dabei an mich gedacht.
Komm, wir woll'n Gott loben!
(Daniel Kallauch aus CD »Hurra für Jesus 6« © cap!-music, 72213 Altensteig)

7. JANUAR

Böse Menschen verstehen nicht, was richtig und gut ist; wer aber dem Herrn dient, weiß, worauf es ankommt.
Sprüche 28, 5 (HFA)

Sei nicht entsetzt, wenn deine Mitschüler oder deine Freunde falsche Dinge tun und böse Worte reden. Wenn sie Jesus nicht kennen, wissen sie oft nicht, was richtig und gut ist. Wenn du Jesus kennst, weißt du, was Jesus gefällt und du kannst tun, was Jesus tun würde. Jesus weiß, worauf es wirklich ankommt, und deshalb wissen es auch die Menschen, die auf ihn hören.
C.G.

8. JANUAR

Auf dieser Erde gibt es keine Stadt, in der wir wirklich und für immer zu Hause sein können. Sehnsüchtig warten wir auf die Stadt, die im Himmel für uns erbaut ist.
Hebräer 13, 14 (HFA)

Was ist für dich hier auf der Erde das Schönste, das Aufregendste? Ein Haus mit Swimmingpool? Urlaub im Disney-World Paris? Was Jesus für uns im Himmel vorbereitet, wird tausendmal schöner und aufregender sein! Und das Beste: wir werden dort für immer zu Hause sein. Das wird dann unsere Heimat, wo wir geborgen und verstanden sind. Nie müssen wir wieder von dort wegziehen.
K.H.

9. JANUAR

Dass Jesus Christus am Kreuz für uns starb, muss freilich all denen, die verlorengehen, unsinnig erscheinen. Wir aber, die gerettet werden, erfahren gerade durch diese Botschaft vom Kreuz die ganze Macht Gottes.
1. Korinther 1, 18 (HFA)

Gebet: Jesus, ganz viele Menschen können es überhaupt nicht verstehen, dass wir an dich glauben. Bitte mach, dass meine Mitschüler, Freunde, Kollegen und Verwandten auch entdecken, dass du für sie am Kreuz gestorben bist. Sie sollen doch auch merken, dass dein Sterben am Kreuz kein Zeichen von Schwäche, sondern von Macht und Liebe war! Amen.
A.J.

10. JANUAR

Schwört nicht; weder beim Himmel noch bei der Erde, noch bei sonst etwas! Wenn ihr »Ja« sagt, dann muss man sich darauf verlassen können. Und wenn ihr »Nein« sagt, dann steht auch dazu.
Jakobus 5, 12 (HFA)

Sind dir die Worte »Ich schwör's dir« auch schon über die Lippen gekommen? Wenn Gott die Herrschaft über unser Leben hat und unser Vorbild ist,

brauchen wir solche Bekräftigungen nicht. Die Menschen um uns wissen, dass unser Wort gilt. Erst überlegen, dann reden und schließlich genauso handeln.
M.M.

11. JANUAR

Alles, was gut und vollkommen ist, das kommt von Gott, dem Vater des Lichts. Er ist unwandelbar; niemals wechseln bei ihm Licht und Finsternis, Gutes und Böses.
Jakobus 1, 17 (HFA)

> Ein guter Vater, der meint es gut,
> der meint es gut mit seinen Kindern.
> Ein guter Vater, der meint es gut,
> Vater im Himmel, du bist gut zu mir.

(Daniel Kallauch aus CD »Gott liebt Kinder« © cap!-music, 72213 Altensteig)

12. JANUAR

Allem bin ich gewachsen durch den, der mich stark macht.
Philipper 4, 13 (GNB)

Gebet: Jesus Christus, du lebst in mir. Sehr oft spüre ich, dass du da bist. Gerade wenn ich mich einsam fühle und mit dir rede, dann fühle ich mich verstanden und nicht mehr alleine. Du bist mein bester Freund. Wenn ich alleine nicht mehr weiterkann, dann bist du da. Das hilft mir sehr, denn ich könnte mein Leben sonst nicht bewältigen. Danke!
M.H.

13. JANUAR

Gott, der Mächtige spricht: »Alle Tiere gehören mir: das Wild in Wald und Feld, die Tiere auf den Bergen und Hügeln. Ich kenne jeden Vogel unter dem Himmel und die vielen kleinen Tiere auf den Wiesen.«
Psalm 50, 10–11 (HFA)

Jahr für Jahr baut eine Amsel ihr Nest in unsere Hecke. Ich kann allerdings nicht sicher sagen, ob es immer die gleiche Amsel ist, die da ein und aus fliegt. Die sehen alle gleich aus. Gott kennt jeden einzelnen Vogel, ja alle Tiere auf der ganzen Erde. Wenn er sich schon um die Tiere so gut kümmert, um wie viel mehr wird er sich heute um mich sorgen. Gott ist großartig!
D.K.

14. JANUAR

Weil ihr nun Gottes Kinder seid, schenkte euch Gott seinen Heiligen Geist, denselben Geist, den auch der Sohn hat. Deshalb dürft ihr jetzt im Gebet zu Gott sagen: »Lieber Vater!«
Galater 4, 6 (HFA)

Es ist großartig, dass jeder von uns »Lieber Vater« zu Gott sagen darf. Gott erlaubt uns, genauso vertraut mit ihm zu reden wie sein Sohn Jesus. Unsere Gedanken und Sorgen und alles, was wir auf dem Herzen haben, sind nicht zu unbedeutend für ihn. Er liebt uns, kümmert sich um uns, und sorgt für uns, noch besser als jeder Papa das könnte!
A.B.

15. JANUAR

Gott allein hat den Himmel ausgebreitet, ist über die Wogen der Meere geschritten. Den großen Wagen hat er geschaffen, den Orion, das Siebengestirn und auch die Sternbilder des Südens. Er vollbringt gewaltige Taten; unzählbar sind seine Wunder, kein Mensch kann sie begreifen!
Hiob 9, 8–10 (HFA)

Hast du in einer klaren Sternennacht schon einmal versucht, alle Sterne am Himmel zu zählen? Vielleicht sagst du, das ist unmöglich. Stimmt. Für uns.

Für Gott aber ist nichts unmöglich! Er hat das ganze Universum gemacht, unser Sonnensystem mit seinen Planeten, aber auch die Sterne, die viele, viele Lichtjahre von uns entfernt sind. So groß ist Gott.
M.D.

16. JANUAR

Freut euch, dass ihr zu Jesus Christus gehört. Und noch einmal will ich es sagen: Freut euch! Jeder soll eure Güte und Freundlichkeit erfahren. Denn: Der Herr kommt bald!
Philipper 4. 4–5 (HFA)

Viele Menschen wissen gar nicht mehr, wie man sich so richtig freut. Vielleicht liegt es daran, dass man lieber Geschichten über schwere Krankheiten, Unglücksfälle, erschreckende Ereignisse und Streit hört und erzählt? Doch Paulus fordert uns hier auf: »Freut euch!« Paulus nennt Dinge, über man sich wirklich freuen kann: Wir gehören zu Jesus und deshalb können wir unsere Mitmenschen freundlich behandeln, auch da, wo es uns schwer fällt! Und weil wir zu Jesus gehören, wird Jesus uns eines Tages abholen und zu sich mit in den Himmel nehmen. Habt ihr euch schon einmal vorgestellt, wie wunderschön es wohl bei Gott sein wird? Ich sag' euch, da kommt Freude auf!
E.DS.

17. JANUAR

Halleluja — Preist den Herrn! Dankt dem Herrn, denn er ist gut zu uns, seine Liebe hört niemals auf!
Wer könnte alle seine großen Taten nennen und ihn dafür gebührend preisen?
Psalm 106, 1—2 (GNB)

> Ein schöner Tag, ein schöner Tag,
> heute war ein schöner Tag!
> Spielen, springen, toben, singen,
> klettern, klatschen, Lieder singen,
> heute war ein schöner Tag.

(Daniel Kallauch aus CD »Zwei auf einen Streich« © cap!-music, 72213 Altensteig)

---

18. JANUAR

Wie schön und angenehm ist es, wenn Brüder in Frieden zusammenleben! Das ist so wohltuend wie duftendes Öl, so wohltuend wie frischer Tau. Ja, dort schenkt der Herr seinen Segen und Leben, das niemals aufhört.
Psalm 133, 1—3 (Auszüge) (HFA)

Der Psalmschreiber David weiß, wovon er redet. Er hatte selber sieben Brüder! Ob es da öfter Streit gab? — Nennt eine Sache, warum es bei euch öfter Streit gibt. Danach macht jeder einen Vorschlag, wie heute ein »Friedenstag« werden kann. Denn Frieden ist wie ....
J.F.

19. JANUAR

Alle deine Geschöpfe warten auf dich, dass du ihnen rechtzeitig zu essen gibst. Sie holen sich die Nahrung, die du ihnen zuteilst. Du öffnest deine Hand und sie werden reichlich satt.
Psalm 104, 27–28 (HFA)

Gebet: Lieber Vater, danke, dass du den Tieren und uns Menschen genug zu essen gibst. Uns geht es so gut. Aber wir möchten auch die Menschen nicht vergessen, die in großer Not und Armut leben. Lass uns verantwortlich mit dem umgehen, was wir haben, und abgeben, damit anderen geholfen werden kann.
G.G.

Tipp: Dieser Bibelvers ist ein schönes Tischgebet. Schreibt ihn auf eine Aufstellkarte – so wird euer Tischgebet ein echtes Dankeschön an Gott. Andere Tischgebetsverse: Psalm 136, 1+25–26; Psalm 145, 15–16

20. JANUAR

Wenn dein Bruder sündigt, dann sage ihm, was er verkehrt gemacht hat. Tut es ihm leid, dann vergib ihm! Und wenn er dir siebenmal am Tag Unrecht tut und dich immer wieder um Vergebung bittet: Vergib ihm!
Lukas 17, 3–4 (HFA)

Sünde belastet unser Leben wie ein schwerer Rucksack. Du kannst mir helfen, meinen Rucksack bei Gott abzulegen, denn wenn ich meine Schuld und mein Unrecht erkenne und um Vergebung bitte, werde ich frei. Doch solltest du dir dann nicht meinen Rucksack aufladen, indem du nicht vergibst. Auch dich macht Vergebung frei.
A.H.

21. JANUAR

Jesus sagt: »Ich quäle euch nicht und sehe auf niemand herab. Stellt euch unter meine Leitung und lernt bei mir; dann findet euer Leben Erfüllung.«
Matthäus 11, 29 (GNB)

Als Jesus auf der Erde gelebt hat, waren die Jünger seine Schüler. Heute freut sich Jesus noch ganz genauso, wenn er dein Lehrer sein darf. Es ist ein wunderbarer Lehrer, der niemals beschämt, uns schikaniert oder ungerecht ist. Er leitet dich und zeigt dir, wie dein Leben gelingen kann. Dabei wird er immer auch dein Freund sein.
K/B.H.

22. JANUAR

»In meiner Macht steht alles, von A bis Z. Ich bin der Anfang und ich bin das Ziel« spricht Gott, der Herr. Er ist immer da, von allem Anfang an, und er wird kommen: der Herr über alles.
Offenbarung 1, 8 (HFA)

Gebet: Heiliger Gott, wirklich verstehen kann ich nicht, wie groß und mächtig du bist. Auch dass du schon immer da warst und in alle Ewigkeit da sein wirst, kann ich nicht begreifen. Aber ich glaube es. Und ich freue mich darauf, dass du wiederkommen wirst, so wie du es versprochen hast. Amen.
B.J.

23. JANUAR

Begegnet alten Menschen mit Achtung und Respekt, und ehrt mich, den Herrn, euren Gott.
3. Mose 19, 32 (HFA)

Ich habe letztens auf meinem Kopf ein graues Haar entdeckt! Ausgerissen hab ich's! Sofort. Samt Wurzel, Haut und Haar! Obwohl: früher im Alten Orient waren graue Haare wertvoller als Gold! Graue Haare bedeutete: der Mensch hat ein langes Leben. Und ein langes Leben ist ein Geschenk Gottes, sagten die Leute. Und das gilt bis heute! Wenn du nachher einem Menschen mit grauen Haaren begegnest, denk dran: Er ist ein Geschenk Gottes!
H.B.

24. JANUAR

Von ganzem Herzen freut sich Gott über euch. Weil er euch liebt, redet er nicht länger über eure Schuld. Ja, er jubelt, wenn er an euch denkt!
Zephanja 3, 17b (HFA)

Du schaust morgens ziemlich zerknittert in den Spiegel, weil du vielleicht schlecht geschlafen hast. Egal, wie du ausschaust, Gott liebt dich! Schreib dir auf den Spiegel: Gott liebt mich! Das gilt übrigens auch, wenn du mal so richtig was falsch gemacht hast und du deshalb so verknittert aussiehst. Er vergibt dir gern – weil er dich liebt.
B.K.

25. JANUAR

Paulus schreibt: Immer wieder danken wir Gott dafür, dass ihr unsere Predigt nicht als Menschenwort aufgenommen und verstanden habt, sondern als das, was es ja tatsächlich ist, als Gottes Wort. Dieses Wort verändert jeden, der daran glaubt.
1. Thessalonicher 2, 13 (HFA)

Es gibt viele schöne Bücher und Gedichte in meinem Bücherschrank. Manche sind sehr spannend, bei einigen musste ich sogar weinen. Mit dem Wort Gottes ist es anders: Das Wort Gottes hat die Kraft, ein ganzes Leben umzukrempeln. Davon gibt es viele Berichte. Ein Mensch liest in einer Notsituation ein Wort aus der Bibel, und es ist so, als ob Gott ihn mitten ins Herz trifft. Wenn du in der Bibel liest, dann kann es dir genauso ergehen.
A.K.

26. JANUAR

Wir alle warten auf den neuen Himmel und die neue Erde, die Gott uns zugesagt hat. Wir warten auf diese neue Welt, in der es endlich Gerechtigkeit gibt.
2. Petrus 3, 13 (HFA)

Es lohnt sich, auf ein schönes Ereignis zu warten.
    Bei uns zu Hause warten wir immer gespannt auf Weihnachten. In der Adventszeit gibt es so viele Geheimnisse und jeder bereitet etwas Nettes

für den anderen vor, und alle sehnen sich danach, dass das Geheimnis bald gelüftet werden kann. Jeder hofft, dass er das bekommt, was er sich so sehnlichst wünscht.

Paulus sagt, dass er auf den neuen Himmel und die neue Erde wartet, in der es endlich gerecht zugeht. Diese neue Welt wird kommen und alle, die darauf warten, werden sich an der Gerechtigkeit freuen können. Gott hat ein perfektes Geschenk für uns Menschen vorbereitet.
S.L.

27. JANUAR

Jesus sagte: »Ihr wisst, dass die, die als Herrscher über die Völker betrachtet werden, sich als ihre Herren aufführen und dass die Völker die Macht der Großen zu spüren bekommen. Bei euch ist es nicht so. Im Gegenteil: Wer unter euch groß werden will, soll den anderen dienen; wer unter euch der Erste sein will, soll zum Dienst an allen bereit sein.«
Markus 10, 42–45 (NGÜ)

Gebet: Himmlischer Vater, ich bitte dich um ein hilfsbereites Herz. Bitte hilf mir, dass ich nicht widerwillig bin, wenn jemand mich um Hilfe bittet. Bitte hilf mir auch, dass ich gegenüber meinen Klassenkameraden und Arbeitskollegen hilfsbereit bin. Nimm den Egoismus aus meinem Herzen weg.
G.M.

28. JANUAR

Gott ist treu. Er wird euch Mut und Kraft geben und euch vor allem Bösen bewahren.
2. Thessalonicher 3, 3 (HFA)

In den Katakomben Roms finden wir das berührende Zeugnis der 15jährigen Caecilia, die am Anfang des 3. Jahrhunderts wegen ihres treuen Glaubens an Christus angezeigt und getötet worden war. Neben ihrem Grab ist ein Bild an der Wand, das Caecilia mit erhobenen Armen betend zeigt, ein Lächeln auf dem Gesicht, so als wollte sie sagen: »Bedauere mich nicht, weil ich so jung sterben musste! Ich habe in Jesus den Sinn und das Glück meines Lebens gefunden, er gab mir Mut und Kraft für dieses Zeugnis und nun bin ich ganz nah bei ihm!«
H/B.M.

29. JANUAR

Gott sagte zu Jakob im Traum: »Ich stehe dir bei; ich behüte dich, wo du auch hingehst und bringe dich heil wieder in dieses Land zurück. Niemals lasse ich dich im Stich; ich stehe zu meinem Versprechen, das ich dir gegeben habe.«
1. Mose 28, 15 (HFA)

Manchmal träumen wir einfach nur Quatsch. Aber manchmal redet Gott zu uns durch einen Traum. Wir dürfen ihn bitten, dass wir merken, wenn er uns durch Träume ansprechen will. In der Bibel hat es das auch öfters gegeben. Wie Jakob hat auch Joseph wichtige Dinge von Gott im Traum erfahren. Einmal hat es ihm sogar das Leben gerettet. Du darfst gespannt sein, was Gott dir durch einen Traum sagen will.
U.Ra.

---

30. JANUAR

Joseph erschien im Traum ein Engel Gottes, der ihn aufforderte: »Steh schnell auf und flieh mit dem Kind und seiner Mutter nach Ägypten! Bleibt so lange dort, bis ich euch zurückrufe, denn Herodes will das Kind umbringen.« Da zog Josef noch in der Nacht mit Maria und dem Kind nach Ägypten.
Matthäus 2, 13–14 (HFA)

>Gott hat einen guten Weg
>für jeden Menschen, der ihn geht.
>Gott führt alle, das ist klar,
>auch uns Kinder, das ist wahr!

(Daniel Kallauch aus CD »Gott liebt Kinder« © cap!-music, 72213 Altensteig)

31. JANUAR

Viele, die heute eine große Rolle spielen, werden in Gottes neuer Welt nichts bedeuten. Und viele, die heute die Letzten sind, werden dann zu den Ersten gehören.
Matthäus 19, 30 (HFA)

Bei uns gibt es Kinder im Kindergarten und in der Schulklasse, die immer etwas mehr können, die schneller, mutiger und beliebter sind als wir selbst. Überall sind sie die Besten und die Ersten. Bei Gott ist es genau andersherum! Für ihn sind die Langsamen, die Ängstlichen und die, die Fehler machen am wichtigsten. Er schaut genau zu und hilft gerade diesen. Bei ihm sind die Letzten in Wahrheit die Ersten.
W.R.

1. FEBRUAR

Wie klein ist der Mensch! Und doch beachtest du ihn! Winzig ist er, und doch kümmerst du dich um ihn! Du hast ihn zur Krone der Schöpfung erhoben und ihn mit hoher Würde bekleidet. Nur du stehst über ihm.
Psalm 8, 5–6 (HFA)

Gebet: Herr, vor dir sind Kinder und Erwachsene alle klein und doch alle gleich wertvoll und wichtig. Danke, dass du uns Menschen wunderbar gemacht hast. Hilf uns verstehen, dass wir durch dich – unseren König – alle Königskinder sind.
A.Ke.

2. FEBRUAR

Herr, unser Herrscher! Groß und herrlich ist dein Name. Himmel und Erde sind Zeichen deiner Macht!
Psalm 8, 10 (HFA)

    Alles, aber wirklich auch alles,
    alles, alles, alles,
    alles hat mir Gott geschenkt!
    Wer hat die Blumen gemacht?
    Alles kommt von Gott, alles kommt von Gott!
    Wer hat die Berge gemacht?
    Alles kommt von Gott, alles kommt von Gott!
(Daniel Kallauch aus CD »Du bist der Held« © cap!-music, 72213 Altensteig)

3. FEBRUAR

Liebt also euren Nächsten, denn ihr wisst doch, dass es Zeit ist, aus aller Gleichgültigkeit aufzuwachen.
Römer 13, 11 (HFA)

Gebet: Herr, ich will meinen Nächsten lieben. Ich will heute Gutes tun, wenn sich die Gelegenheit bietet. Und nicht gleichgültig zur Seite schauen. Ich will heute reden, wenn jemand helfende Worte braucht. Ich will heute leben, als ob es mein letzter Tag hier wäre. Herr, ich will dir heute gefallen.
W.K.

4. FEBRUAR

Halleluja, lobt den Herrn! Lobt Gott in seinem Tempel. Alles, was lebt, lobe den Herrn! Halleluja!
Psalm 150, 1+6 (HFA)

Einige der schönsten Lieder dieser Welt stehen in der Bibel. Es sind die Psalmen. Wir haben die Melodien der Lieder nicht mehr, jedoch ihren Text. Vielleicht könnten wir heute zu diesem schönen Lied aus Psalm 150 eine eigene Melodie erfinden. Wie das geht? Einfach den Wörtern eine Melodie und einen Rhythmus geben. Etwas Überwindung lohnt sich. Alles was lebt, lobe den Herrn!
M.H.

5. FEBRUAR

Die Gebote, die der Herr gegeben hat, sind richtig, vollkommen und gerecht. Sie lassen sich nicht mit Gold aufwiegen, sie sind süßer als der beste Honig.
Psalm 19, 10b−11 (HFA)

Gottes Gebote sind so gut und so durchdacht, dass sie mit keinem Geld der Welt bezahlt werden könnten. Sie sind gesünder und wertvoller für uns als das beste Essen, das es gibt. Wer nach Gottes Geboten lebt, der kann glücklich werden.
C.G.

6. FEBRUAR

Einmal kam ein Aussätziger zu Jesus, warf sich vor ihm auf die Knie und flehte ihn an: »Wenn du willst, kannst du mich rein machen!« Von tiefem Mitleid ergriffen, streckte Jesus die Hand aus und berührte ihn. »Ich will es«, sagte er, »sei rein!« Im selben Augenblick verschwand der Aussatz, und der Mann war geheilt.
Markus 1, 40 – 42 (NGÜ)

Jesus hatte Mitleid mit dem Aussätzigen. Er ließ ihn nicht kalt abblitzen. »Ich will helfen«, sagte Jesus.

Vielleicht braucht heute jemand deine Hilfe: dein offenes Ohr, deine helfenden Hände, deine liebevollen Worte. Mach's wie Jesus!
A.J.

7. FEBRUAR

Gott ist zuverlässig und gerecht in allem, was er tut.
Daniel 4, 34 (HFA)

Das ist toll: Auf Gott können wir uns immer verlassen. Er ist unveränderlich und niemals ungerecht. Als Eltern und Lehrer geben wir uns zwar auch große Mühe, zu unserem Wort zu stehen und fair und unparteiisch zu sein, aber Gott macht in seinem Urteil einfach nie Fehler. Nicht jedes Mal verstehen wir das sofort. Doch was Gott tut, ist immer gut für uns.
M.M.

8. FEBRUAR

Gottes Hilfe gleicht einer sprudelnden Quelle. Voller Freude werdet ihr Wasser daraus schöpfen.
Jesaja 12, 3 (HFA)

Wie oft ist dir in deinem Leben schon geholfen worden? Es spielt gar keine Rolle, wie alt oder wie groß wir schon sind. Kinder und Erwachsene brauchen Hilfe. Wir sind darauf angewiesen, dass Menschen uns helfen; alleine kämen wir nicht weit. Aber oft kommen wir auch in Situationen, wo keiner da ist, der helfen könnte, wo wir uns ganz alleine fühlen. Und genau da sagt Gott zu uns: Ich bin immer für dich da. Meine Hilfe hört nie auf. Sie ist wie eine Quelle, die immer weiter sprudelt. Ganz egal, wann du mich brauchst, ob am Tag oder in der Nacht, ob in der Schule oder bei der Arbeit, sonntags oder in den Ferien ... Ich bin mit meiner Hilfe für dich da!
A. B.

9. FEBRUAR

Ein Geduldiger ist besser als ein Starker und wer sich selbst beherrscht, besser als einer, der Städte gewinnt.
Sprüche 16, 32 (LB)

Gebet: Lieber Gott, manchmal fällt es mir sehr schwer, geduldig zu sein und die Ruhe zu bewahren. Dann möchte ich lieber zeigen, wie stark ich bin und was ich alles kann und weiß. Hilf mir, heute auch in schwierigen Situationen ruhig und gelassen zu sein. Hilf mir, andere ausreden zu lassen und mit Menschen Geduld zu haben, die nicht so schnell sind.
M. D.

10. FEBRUAR

Ich rufe laut den Namen des Herrn! Gebt unserem Gott die Ehre! Vollkommen und gerecht ist alles, was er tut. Er ist ein Fels — auf ihn ist stets Verlass. Er hält, was er verspricht, er ist gerecht und treu.
5. Mose 32, 3—4 (HFA)

> Felsenfest und stark ist mein Gott,
> starker Halt in Not,

du bist mein Herr und Gott,
felsenfest ist mein Gott.
Keine Macht der Welt, ob Leben oder Tod
trennt mich von Jesu Liebe, er ist Herr!
Nichts in dieser Welt hält seine Liebe auf,
felsenfest ist mein Gott.

<small>(aus der CD »Hurra für Jesus 1«. Originaltitel: Precious Cornerstone, T+M: Andy Park,
© Mercy/Vineyard Publishing USA; für D, A, CH: Projektion J Musikverlag, Asslar.
Deutscher Text: Daniel Kallauch)</small>

---

11. FEBRUAR

Der Herr ist mein Hirte. Nichts wird mir fehlen. Er weidet mich auf saftigen Wiesen und führt mich zu frischen Quellen. Er gibt mir neue Kraft. Er leitet mich auf sicheren Wegen, weil er der gute Hirte ist.
Psalm 23, 1–3 (HFA)

Lieber Herr, es fällt uns manchmal ganz schön schwer, zu glauben, dass uns bei dir nichts fehlt. Auch wenn wir schon so viel haben – wir wollen immer mehr. Und wir haben Angst, dass du uns etwas wegnimmst. Dabei willst du doch, dass es uns gut geht und dass wir dir ganz fest vertrauen. Danke, dass du für uns sorgst wie ein Hirte für seine Schafe. Dass du an alles denkst und dir gar nichts egal ist. Keine Sorge ist dir zu klein und du hast uns unendlich lieb.
C.E.

12. FEBRUAR

Die Väter erzählen ihren Kindern, dass du treu bist und deine Versprechen hältst.

Jesaja 39, 19 b (HFA)

Gebet: Lieber Vater, danke, dass ich Eltern habe, die mir von dir erzählen, und dass ich sehen kann, wie du unsere Familie segnest. Als Vater oder Mutter will ich heute gerne Gelegenheiten nutzen, um meinen Kindern zu erzählen, was du mir bedeutest.

B.v.B.

13. FEBRUAR

Christus lebt als der Auferstandene mitten unter euch. Er hat euch die Hoffnung auf die Herrlichkeit Gottes geschenkt.

Kolosser 1, 27 b (HFA)

> Seid nicht bekümmert, seid nicht bekümmert,
> denn die Freude am Herrn ist eure Stärke.
> Seid nicht bekümmert, seid nicht bekümmert,
> denn die Freude am Herrn ist eure Kraft.
> Jesus, der auferstandene Herr, lebt in eurer Mitte.
> Jesus, der auferstandene Herr, er ist unter euch.

(Text: Kommunität Gnadenthal, © Präsenz-Verlag, Gnadenthal)

14. FEBRUAR

Voller Sehnsucht warte ich auf deine Hilfe, denn du hast sie mir fest versprochen. Ich vergehe fast vor Ungeduld, bis du deine Zusage erfüllst.

Psalm 119, 81 (HFA)

Manchmal kann es lange dauern, bis Hilfe von Gott kommt. Christen kennen auch Zeiten der Mutlosigkeit und der Hilflosigkeit. Gott scheint weit weg zu sein. »Ob Gott mich vergessen hat?« Es kann helfen, sich an Gottes Versprechen zu erinnern. Fällt euch eins ein?

J.F.

15. FEBRUAR

Ich will alles vergessen, was hinter mir liegt. Ich konzentriere mich nur noch auf das vor mir liegende Ziel. Mit aller Kraft laufe ich darauf zu, um den Siegespreis zu gewinnen, das Leben in Gottes Herrlichkeit.
Philipper 3, 13 b – 14 a (HFA)

Jeder, der bei einem Sportwettkampf schon mal gewonnen hat, weiß, was für ein schönes Gefühl es ist, einen Preis zu bekommen. Die Mühe hat sich gelohnt. Um wieviel mehr lohnt sich der Einsatz für Jesus! Wenn wir ihn lieben und ihm nachfolgen, können wir alle den Siegespreis gewinnen: für immer mit ihm zusammen zu sein.
G.G.

16. FEBRUAR

Halleluja — lobt den Herrn! Singt dem Herrn ein neues Lied! Tanzt zu seiner Ehre und schlagt den Rhythmus auf dem Tamburin! Spielt für ihn auf der Harfe.
Psalm 149, 1 a.3 (HFA)

Gebet: Herr, ich danke dir für die Musik und für die Lieder, die mich daran erinnern, wie gut du bist. Sie machen mir Mut dir zu vertrauen. Ich gebe dir Herz, Mund und Hände, um dich zu loben. Mein ganzes Leben soll erfüllt sein von dem Rhythmus deines Lebens. Gib mir gute Ideen, damit ich dir mit meinen Gaben Freude machen kann.
A.H.

17. FEBRUAR

Meine lieben Kinder, unsere Liebe darf nicht nur aus schönen Worten bestehen. Sie muß sich in Taten zeigen, die der Wahrheit entsprechen: der Liebe, die Gott uns erwiesen hat. Daran werden wir erkennen, dass die Wahrheit Gottes unser Leben bestimmt.
1. Johannes 3, 18–19 (GNB)

Krimis! Ich guck so gerne Krimis! Es gefällt mir, wenn Kommissare oder Detektive den kniffligen Fall lösen wollen. Und was hilft ihnen dabei? Indizien! Beweise! Die bringen sie auf die richtige Spur. Wie ein Indiz, wie ein Beweis, dass Gott unser Leben lenkt, sind unsere Taten. Was für Taten? Zum Beispiel wenn wir uns gegenseitig bei irgendetwas helfen. Oder wenn wir dem anderen etwas Ermutigendes sagen. Das bringt andere auf die richtige Spur: sie können sehen, dass wir Gottes Kinder sind.
H.B.

18. FEBRUAR

Als der Zug mit der Bundeslade sich wieder in Bewegung setzte, tanzte David voller Hingabe neben der Bundeslade her, um den Herrn zu loben.
2. Samuel 6, 14 a (HFA)

Die Bundeslade war ein mit Gold überzogener Holzkasten, in dem auch die Steintafeln mit den zehn Geboten aufgehoben wurden. Für das Volk Israel war sie ganz wichtig, denn sie wussten: wo die Bundeslade ist, da ist unser Gott, der uns liebt und befreit hat. Der König David ist so entzückt darüber, dass er anfängt zu tanzen und zu jubeln. Er macht sich nichts daraus, was die Leute über ihn denken. Er ist einfach Feuer und Flamme für Gott. Wie drückst du deine Begeisterung über Gott aus?
A.K.

19. FEBRUAR

Gepriesen sei Gott, der Vater unseres Herrn Jesus Christus, der Vater der Barmherzigkeit, der Gott, der uns in jeder Not tröstet! In allen Schwierigkeiten ermutigt er uns und steht uns bei, so dass wir auch andere trösten können, die wegen ihres Glaubens zu leiden haben.

2. Korinther 1, 3–4 (HFA)

Gebet: Herr, hilf uns, dass wir nicht vergessen zu beten, wenn wir traurig sind. Dass wir nicht vergessen zu beten, wenn wir uns ärgern. Dass wir nicht vergessen zu beten, wenn wir Angst haben. Auch wenn wir nicht wissen, wie eine schlimme Sache gut werden soll, kannst du helfen. Amen.
K/B.H.

20. FEBRUAR

Liebe deinen Mitmenschen wie dich selbst.
3. Mose 19, 18 (HFA)

> Komm, wir wollen Freunde sein,
> sing mit mir, mach mit.
> Lachen, streiten und verzeih'n,
> ich tu' den ersten Schritt.

(Daniel Kallauch aus CD »Freunde« © cap!-music, 72213 Altensteig)

21. FEBRUAR

Petrus forderte die Leute auf: Ändert euch und euer Leben! Wendet euch Gott zu! Lasst euch auf den Namen Jesus Christi taufen, damit euch Gott eure Sünden vergibt und ihr den Heiligen Geist empfangt.
Apostelgeschichte 2, 38 (HFA)

Petrus tat genau das, was Jesus ihm und den anderen Jüngern aufgetragen hatte, bevor er zu seinem Vater in den Himmel zurückkehrte. Genau dasselbe sollen wir auch tun: Den Menschen die Gute Nachricht bringen, dass Jesus für sie gestorben ist und sie auffordern, zu Gott umzukehren. Auf welche Weise könnten wir das heute einem Menschen sagen?
B.J.

22. FEBRUAR

Petrus sagte zu dem römischen Offizier Kornelius und dessen Verwandten: »Jetzt erst habe ich richtig verstanden, dass Gott keinen Menschen wegen seiner Herkunft bevorzugt oder benachteiligt, sondern, dass er jeden liebt, der an ihn glaubt und nach seinen Geboten lebt.«
Apostelgeschichte 10. 34–35 (HFA)

Bestimmt gibt es in eurem Bekanntenkreis Menschen mit einer anderen Hautfarbe oder aus einem dir fremden Land: der türkische Gemüsehändler, die thailändische Mutter deiner Schulkameradin, der somalische Junge im Kindergarten, der mit seiner Familie vor dem Bürgerkrieg in seinem Land geflohen ist: Gott macht keinen Unterschied, er liebt sie alle gleich. Bete für sie, damit sie verstehen, dass Gott auch sie lieb hat.
B.K.

23. FEBRUAR

Sei geduldig und warte darauf, dass der Herr eingreift! Entrüste dich nicht, wenn Menschen böse Pläne schmieden und ihnen dabei alles gelingt! Lass dich nicht von Zorn und Wut überwältigen, denn wenn du dich ereiferst, gerätst du schnell ins Unrecht.
Psalm 37. 7–8 (HFA)

Manchmal sind wir richtig sauer, weil jemand uns ausgelacht oder geärgert hat. Aber auch wenn andere uns beleidigen, steht Jesus an unserer Seite. Wir müssen nicht zurückschlagen. Wenn wir uns aufregen, werden wir selber schnell ungerecht. Bitte Gott um Geduld und Gelassenheit.
E.M.

24. FEBRUAR

Niemand kann gleichzeitig zwei Herren dienen. Wer dem einen richtig dienen will, wird sich um die Wünsche des anderen nicht

richtig kümmern können. Genauso wenig könnt ihr zur selben Zeit für Gott und das Geld leben.
Matthäus 6, 24 (HFA)

Es ist gut, dass wir nicht davon abhängig sind, was wir uns alles leisten können, ob unser Freund ein schöneres Mountainbike hat, ob unsere Familie ein großes oder kleines Auto fährt, ob wir viel oder wenig Geld zur Verfügung haben. Gott ist unser Versorger. Er wird uns auch in der Zukunft durchbringen. Ihn dürfen wir ehren durch unser Vertrauen. Der Reichtum dieser Welt wird vergehen, aber wenn wir unser ganzes Leben Jesus geben und ihm dienen, dann werden wir schon hier auf der Erde mit viel Freude beschenkt.
G.M.

25. FEBRUAR

Als sie in Bethlehem waren, brachte Maria ihr erstes Kind — einen Sohn — zur Welt. Sie wickelte ihn in Windeln und legte ihn in eine Futterkrippe im Stall, weil sie in dem Gasthaus keinen Platz bekommen hatten.
Lukas 2, 6—7 (HFA)

> Runtergekommen, abgestiegen,
> Erde statt Himmel, da wo wir sind.
> Runtergekommen, abgestiegen,
> alles aus Liebe, der König wird Kind.

(Daniel Kallauch aus der CD »Auf die Plätzchen« © cap!-music, 72213 Altensteig)

26. FEBRUAR

Legt dem Wirken des Heiligen Geistes nichts in den Weg! Geht nicht geringschätzig über prophetische Aussagen hinweg, sondern prüft alles. Was gut ist, das nehmt an.
1.Thessalonicher 5, 19—21 (NGÜ)

Es gibt vieles, das kann man nicht sehen und anfassen und trotzdem ist es total wichtig. Das gilt für unser eigenes Herz, aber vor allem gilt das für das Herz Gottes. Gottes Gedanken sind so neu und so anders als unsere eigenen, dass wir sie unbedingt kennenlernen sollten. Sein Heiliger Geist bringt diese Gedanken zu uns in unser Herz. Wir sollten immer darauf achten, wenn Gott uns zeigen will, was er vorhat, was er denkt und fühlt.
W.R.

27. FEBRUAR

Darin sind die Menschen gleich: Alle sind Sünder und haben nichts aufzuweisen, was Gott gefallen könnte.
Römer 3, 23 (HFA)

Das ist wie bei einem Stau auf der Autobahn. Egal ob du einen Ferrari hast oder einen VW. Egal wie schnell dein Auto eigentlich fährt oder wie schön es aussieht, jeder ist gleich betroffen und steht. So steht auch jeder Mensch gleich vor Gott da und hat nichts, mit dem er Gott beeindrucken könnte.
D.K.

28. FEBRUAR

Gott hat die Zahl der Sterne festgelegt und jedem einen Namen gegeben. Wie groß ist unser Herr und wie gewaltig seine Macht! Unermesslich ist seine Weisheit.
Psalm 147, 4−5 (HFA)

Ich habe großen Respekt vor solch einem mächtigen Herrscher, der die ganze Welt, das All und alles gemacht hat. Ich werde ihn nie begreifen und verstehen. Das weiß er. Darum ist er auch als kleines hilfloses Baby auf die Welt gekommen, um ein Mensch zu sein wie du und ich. Damit will er uns zeigen, wie lieb er uns hat.
U.R.

29. FEBRUAR

Jesus sagte zu seinen Jüngern: In der Welt werdet ihr von allen Seiten bedrängt, aber vertraut darauf: Ich habe die Welt besiegt.
Johannes 16, 33 (HFA)

Spiel: Die Familie bildet einen Kreis und hält sich an den Händen. Das jüngste Kind stellt sich in die Mitte. Eines der Geschwister muß nun versuchen, den Schutzwall von außen zu durchdringen, um zu dem Kleinen zu gelangen. Je nach Einsatz wird das recht schwierig bis unmöglich sein. So wie die Großen den Kleinen geschützt haben, will Jesus uns jeden Tag beschützen, wenn wir bedrängt werden!
C.Schn.

1. MÄRZ

Der Engel sagte zu den Frauen: »Ihr braucht euch nicht zu fürchten. Ich weiß, ihr sucht Jesus, den Gekreuzigten. Er ist nicht hier; er ist auferstanden, wie er es vorausgesagt hat. Kommt her und seht euch die Stelle an, wo er gelegen hat. Und dann geht schnell zu seinen Jüngern und sagt ihnen, dass er von den Toten auferstanden ist.«
Matthäus 28, 5–7a (NGÜ)

Gebet: Danke, Jesus, dass du nicht tot geblieben bist. Es gibt viele Menschen, die das noch nicht wissen. Manche können es auch nicht glauben. Bitte zeige heute den Menschen, die ich lieb habe, dass du lebst. Begegne ihnen irgendwie – aber so, dass sie es deutlich merken: Du lebst! Amen.
A.J.

2. MÄRZ

Lobt den Herrn auf der Erde! Lobt ihn, ihr Walfische und alle Meerestiefen! Lobt ihn, Blitze, Hagel, Schnee und Nebel, du Sturmwind, der du Gottes Befehle ausführst! Lobt ihn, ihr Berge und Hügel, ihr Obstbäume und Tannen! Lobt ihn, ihr wilden und ihr zahmen Tiere, ihr Vögel und alles Gewürm. Lobt ihn, ihr Jungen und Mädchen, Alte und Junge miteinander!
Psalm 148, 7–10.12 (HFA)

Gott, unser Vater, hat die ganze Welt so genial schön für uns Menschen erschaffen! Er freut sich, wenn seine Kinder ihn dafür loben und ehren!
   Wie wär's, wenn du heute mit besonders offenen Augen auf deinem Schulweg oder auf dem Weg zum Büro oder Einkaufen gehst und Gott immer wieder dankst für all das Schöne, was du entdeckst!
B.M.

3. MÄRZ

Die Jünger zogen hinaus und verkündeten überall die Heilsbotschaft. Der Herr war mit ihnen und bestätigte ihr Wort durch Zeichen seiner Macht.
Markus 16, 20 (HFA)

Jesus war seinen Jüngern als der Auferstandene erschienen. Sie hatten ihn mit eigenen Augen gesehen. Jesus sagte seinen Jüngern auch, was sie tun sollten, wenn er nicht mehr sichtbar bei ihnen sein würde: Sie sollten überall auf der ganzen Welt hingehen und von ihm erzählen. Das taten sie auch und erlebten, dass Jesus bei ihnen war. Nie waren sie allein. Jesus half ihnen in ihren Entscheidungen, in allen Schwierigkeiten und führte sie zu den Menschen, die von ihm hören sollten.

Gebet: Herr Jesus, zeige uns heute, was wir tun können, damit andere Menschen dich kennen lernen. Lass auch uns dabei deine Macht erleben wie die Jünger damals.
A.B.

4. MÄRZ

Jesus sagte: »Wer mein Wort hört und an den glaubt, der mich gesandt hat, der wird ewig leben.«
Johannes 5, 24 a (HFA)

    Ich bin von neuem geboren
    und mein Herz hat jetzt Ohren.
    Ich kann Jesu Stimme hör'n (ja ich will),
    ich kann Jesu Stimme hör'n (bin ich still).

(Daniel Kallauch aus CD »Hurra für Jesus 1« © cap!-music, 72213 Altensteig)

5. MÄRZ

Weil Jesus für uns eintritt, dürfen wir mit Zuversicht und ohne Angst zu Gott kommen. Er wird uns seine Barmherzigkeit und Gnade zuwenden, wenn wir seine Hilfe brauchen.
Hebräer 4, 16 (HFA)

Wenn ich was echt Dummes gemacht habe, bin ich immer froh, wenn jemand anders kommt und sagt: »Ich regle das für dich.« Dann bin ich erleichtert. So jemand ist Jesus. Da, wo ich wieder mal versagt habe und

Angst habe, ruft Jesus mir zu: »Keine Angst. Ich regle das für dich.« Das erleichtert mich.
J.F.

6. MÄRZ

Der Herr ist mein Licht, er befreit mich und hilft mir; darum habe ich keine Angst. Bei ihm bin ich sicher wie in einer Burg; darum zittere ich vor niemand.
Psalm 27, 1 (GNB)

Es gibt Menschen, die sehen in ihrer Not manchmal keinen Ausweg mehr. Die sind völlig verzweifelt, weil sie solch großen Kummer haben. So ging es auch David, der trotz aller Angst dieses Lied – diesen Psalm – dichtete. Er musste ja ständig mit dem Schlimmsten rechnen, weil König Saul ihn voller Zorn und bis auf's Blut verfolgte. Doch David war eines ganz klar: Gott ist ja viel stärker und hatte ihm versprochen, ihn zu beschützen. Bei Gott ist man sicher wie in einer starken Burg.
C.E.

7. MÄRZ

Bittet Gott und er wird euch geben! Sucht, und ihr werdet finden! Klopft an, dann wird euch die Tür geöffnet! Wenn ein Kind seinen Vater um ein Stück Brot bittet, wird er ihm dann einen Stein geben? Wenn es um einen Fisch bittet, wird er ihm etwa eine giftige Schlange anbieten? Wenn schon ihr hartherzigen, sündigen Menschen euren Kindern Gutes gebt, wieviel mehr wird euer Vater im Himmel denen gute Gaben schenken, die ihn darum bitten!
Matthäus 7, 7 und 9–11 (HFA)

Ich war in einer miesen Situation. Und mir fiel beim besten Willen keine Lösung ein. Ich hatte Angst und machte mir Sorgen. Ehrlich gesagt: ich war verzweifelt. Mein Vater merkte das und ermutigte mich, offen mit ihm drüber zu reden. Als ich ihm alles gesagt hatte, hat er zu mir gesagt: »Du bist doch mein Kind. Für dich lege ich meine Hand ins Feuer! Ich helfe dir!« Das werde ich mein Leben nicht vergessen. So stelle ich mir Gott vor: Wenn wir mit unseren kleinen und großen Sorgen rausrücken, tut er uns Gutes! Er legt die Hand für seine Kinder ins Feuer!
H.B.

8. MÄRZ

Wer glaubt und sich taufen lässt, der wird gerettet werden. Wer aber nicht glaubt, der wird verurteilt werden.
Markus 16, 16 (HFA)

Wann ist man eigentlich ein Christ? Wenn man alle Gebote Gottes befolgt und keine Fehler mehr macht? Wenn man regelmäßig in die Kirche geht? Wenn auf der Lohnsteuerkarte evangelisch oder katholisch steht? Wenn man in Religion eine Eins hat? Wenn man immer freundlich ist? Wenn der Opa Kirchenvorsteher war?

Jesus sagt: »Wenn ihr an mich glaubt, mir euer Leben anvertraut, dann seid ihr gerettet.« Das bedeutet, dass wir dann Christen sind, Gottes Kinder. Wir haben nun das Recht, mit Jesus im Himmel zu leben.
A.K.

9. MÄRZ

Fragt nach dem Herrn und rechnet mit seiner Macht, wendet euch immer wieder an ihn!
1. Chronik 16, 11 (HFA)

Lieber Vater im Himmel, hab Dank, dass wir mit allem, was uns beschäftigt oder Sorgen macht, zu dir kommen dürfen. Wenn wir nicht weiter wissen, dann fragen wir dich.

Du bist stark und du kannst uns helfen. Du liebst uns und willst unser Bestes. Darauf verlassen wir uns.
G.G.

10. MÄRZ

Jesus sagt: »Mein Vater hat mir alle Macht gegeben. Nur der Vater kennt den Sohn. Und kein Mensch außer dem Sohn kennt den Vater — es sei denn, der Sohn zeigt ihm den Vater.«
Matthäus 11, 27 (HFA)

Wer Gott, den Vater, kennen lernen will, der muss sich an Jesus wenden. Jesus ist der Weg zu Gott. Er zeigt uns, wie der Vater ist, wie er denkt, fühlt und handelt. Jesus hat die Macht bekommen, Gottes Reich auf der Erde für uns Menschen sichtbar zu machen und mit unserer Hilfe zu bauen.
A.H.

11. MÄRZ

Solange uns noch Zeit bleibt, wollen wir allen Menschen Gutes tun; vor allem aber denen, die mit uns an Jesus Christus glauben.
Galater 6, 10 (HFA)

Überlege zunächst, wem du etwas Gutes tun willst. Jetzt überlege, was du dieser Person Gutes tun willst! Und jetzt ... tue es! Auf jeden Fall! Heute! Gott wird sich darüber freuen; und dieser Mensch – du wirst es sehen – sowieso.
K/B.H.

12. MÄRZ

Alle, die ihre Hoffnung auf den Herrn setzen, bekommen neue Kraft. Sie sind wie Adler, denen mächtige Schwingen wachsen. Sie gehen und werden nicht müde, sie laufen und werden nicht erschöpft.
Jesaja 40, 31 (HFA)

Gebet: Lieber Vater, an dieses Versprechen möchte ich heute den ganzen Tag lang denken! Bitte erinnere mich immer wieder daran – besonders wenn ich schlapp oder mutlos oder traurig bin. Dann soll mir einfallen, was du mir hier versprichst: Wenn ich dir vertraue, dann gibst du mir Kraft! Amen.
B.J.

13. MÄRZ

Jesus rief ein kleines Kind, stellte es in die Mitte und umarmte es. Dann sagte er: »Wer ein solches Kind mir zuliebe aufnimmt, der nimmt mich auf. Und wer mich aufnimmt, der nimmt damit Gott selbst auf, weil Gott mich gesandt hat.«
Markus 9, 37 (HFA)

> Gott mag Kinder, Große und Kleine,
> dicke, dünne, kurze oder lange Beine,
> rotes, blondes, schwarzes Haar,
> Gott mag Kinder, das ist wunderbar.

(Daniel Kallauch aus CD »Gott liebt Kinder« © cap!-music, 72213 Altensteig)

14. MÄRZ

Der Herr segne dich und bewahre dich! Der Herr wende sich dir in Liebe zu und zeige dir sein Erbarmen! Der Herr sei dir nah und gebe dir Frieden!
1. Mose 6, 24–26 (HFA)

Gebet: Danke für diesen Segen, Vater. Damit fühle ich mich gut eingehüllt wie in meine Lieblingskuscheldecke, und ich weiß, es wird alles gut! Hülle doch bitte auch meine Freunde und Verwandten in diese Decke ein.
K.H.

15. MÄRZ

Ich kann beruhigt einschlafen, denn ich weiß: Gott beschützt mich. Ich fürchte mich nicht vor meinen Feinden, auch wenn sie mich zu Tausenden umzingeln.
Psalm 3, 6–7 (HFA)

Wenn wir heute diese Worte lesen, dann werden wir wahrscheinlich keine Kriegsfeinde um uns herum haben. Trotzdem gibt es viele Umstände, die uns wie Feinde begegnen: Schulkameraden, die uns Prügel androhen, das bevorstehende kritische Gespräch beim Chef, oder der Streit zwischen Freunden und Ehepartnern. Keine Macht der Welt kann uns von Gottes Nähe trennen, wenn wir an ihm festhalten.
M.H.

16. MÄRZ

Jesus sagte zu seinen Jüngern: »Ich bin der Weinstock, ihr seid die Reben. Wer in mir bleibt, in dem bleibt mein Leben, und er wird viel Frucht tragen. Wer sich aber von mir trennt, kann nichts ausrichten.«
Johannes 15, 5 (HFA)

Neulich habe ich mir einen Weinberg angesehen. Es waren schon viele, noch winzig kleine Trauben daran. Sie sahen auch saftig grün aus. Solange sie nicht abknicken, werden sie zu leckeren Weintrauben heranwachsen. Jede Rebe, die mit dem Weinstock verbunden ist, bekommt Saft und Kraft und kann reifen.

Halte dich fest an Jesus und bleibe jeden Tag mit ihm verbunden. Dann geht es dir wie solch einer gesunden Rebe.
B.K.

17. MÄRZ

Unterstellt euch Gott im Gehorsam und widersetzt euch mit aller Entschiedenheit dem Teufel. Dann muss er vor euch fliehen. Wendet euch Gott zu, dann wird er zu euch kommen.
Jakobus 4, 7–8 (HFA)

Gott und ich sind ein unschlagbares Team. Satan ist stark, aber mein Gott ist stärker. Und je näher ich bei ihm bin, desto größer erscheint er mir –

so wie mit den Bergen: Je näher man dran ist, desto höher kommen sie einem vor. Also will ich ganz nahe bei Jesus bleiben.
W.K.

18. MÄRZ

Halleluja, lobt den Herrn! Es ist gut, unserem Gott Loblieder zu singen; es macht Freude, ihn zu loben.
Psalm 147, 1 (HFA)

> 1, 2, 3, – hier geht es rund,
> komm, mach mit, denn es wird bunt.
> Tanzen lachen und Gott loben,
> er ist hier und nicht weit oben,
> sing mit mir, Halleluja!
> Wenn du gerade traurig (müde, lustig…) bist,
> Gott ist jetzt da.
> Er liebt dich, so wie du bist,
> sing mit mir Halleluja!

(Daniel Kallauch aus CD »Hurra für Jesus 1« © cap!-music, 72213 Altensteig)

19. MÄRZ

Freuen dürfen sich alle, die barmherzig sind — Gott wird auch mit ihnen barmherzig sein.
Matthäus 5, 7 (GNB)

Gott ist so großzügig und mitfühlend. Er hat uns mit vielen guten Dingen überschüttet! Gott möchte, dass auch wir anderen gegenüber barmherzig und großzügig sind.

Gebet: Vater, bitte gib uns ein weiches Herz, das echtes Erbarmen mit anderen hat. Gib mir heute Gelegenheiten, bedürftigen Menschen mit Liebe und Freundlichkeit zu begegnen.
E.M.

20. MÄRZ

Hab keine Angst, Israel, denn ich habe dich erlöst! Ich habe dich bei deinem Namen gerufen, du gehörst zu mir. Wenn du durch tiefes Wasser oder reißende Ströme gehen musst — ich bin bei

dir. Und wenn du ins Feuer gerätst, bleibst du unversehrt. Keine Flamme wird dich verbrennen. Denn ich, der Herr, bin dein Gott, der heilige Gott Israels.
Jesaja 43, 1–3 (HFA)

Gebet: Danke, himmlischer Vater, dass du mich erlöst hast, dass du mich bei meinem Namen gerufen hast und dass ich dir gehöre, von jetzt an bis in Ewigkeit. Ich danke dir, dass du mich beschützt, egal was kommen mag. Selbst in gefährlichen Situationen hast du alles unter Kontrolle. Ich brauche keine Angst zu haben.
G.M.

---

21. MÄRZ
Wenn wir unsere Sünden bereuen und sie bekennen, dann dürfen wir darauf vertrauen, dass Gott seine Zusage treu und gerecht erfüllt: Er wird uns unsere Sünden vergeben und uns von allem Bösen reinigen.
1. Johannes 1, 9 (HFA)

»Dieses Mal werde ich dir noch vergeben, dann aber nicht mehr. Irgendwann muss ja Schluss sein.« So denken wir Menschen. Gott vergibt uns nicht nur einmal, fünfmal oder siebenmal, sondern er möchte uns tausendmillionen Mal und noch viel mehr vergeben. Ist das nicht stark? Die Bibel sagt uns hier, dass wir das, was wir falsch gemacht haben, nur bereuen und Gott sagen müssen. Dann vergibt Gott uns gerne.
M.D.

22. MÄRZ

Gott lässt die Regenwolken kommen und versorgt die Völker reichlich mit Nahrung.
Hiob 36, 31 (HFA)

>Es gibt zwar nicht jeden Morgen Brötchen,
>gibt es Brot, dann ist es weich und frisch.
>Marmelade, Milch und Müsli,
>Mama stellt mir alles auf den Tisch.
>Ich habe es noch nie erlebt, dass es nichts zu essen gab,
>ich weiß auch gar nicht, wie es ist,
>wenn man nichts zu trinken hat.
>Ich bin so froh, ich bin so froh,
>weil Gott mir so viel gibt.
>Ich bin so froh, ich singe laut,
>weil Gott mich so sehr liebt.

(Daniel Kallauch aus CD »Zwei auf einen Streich« © cap!-music, 72213 Altensteig)

23. MÄRZ

Denkt bei allem daran, dass ihr für Gott und nicht für die Menschen arbeitet.
Kolosser 3, 23 b (HFA)

Auch beim Abwasch, beim Vokabellernen, vor dem Computer oder beim Bügeln arbeiten wir für Gott? Zu Mutter Teresa sagte einmal ein reicher Mann: »Für alles Geld der Welt könnte ich diese Arbeit nicht tun!« Lächelnd antwortete sie: »Ich auch nicht!« Aber für Gott konnte sie es, für Gott konnte sie auch die verstümmelten, übel riechenden und sterbenden Menschen pflegen. Alle Arbeit bekommt einen neuen Wert und Sinn, wenn wir daran denken, dass wir sie für Gott tun.
H/B.M.

24. MÄRZ

Marschiert mutig voran und verkündet überall, dass Gott Frieden mit uns geschlossen hat.
Epheser 6, 15 (HFA)

Marschieren, ist das nicht was für Kämpfer? Wie passt das zusammen mit Frieden? Ja, für Frieden muss man/frau/kind kämpfen. Er fällt einem

nicht in den Schoß. Den Mut, gegen böse Worte und ungerechte Taten aufzustehen, den wollen wir für heute von Jesus erbitten. Seinen Frieden brauchen wir.
M.P.

25. MÄRZ

Zeige uns, wie machtvoll du eingreifst; auch unsere Kinder sollen deine mächtigen Taten sehen!
Psalm 90, 16 (HFA)

Was ist für dich eine mächtige Tat Gottes? Glaubst du, dass Gott mächtig handeln kann? Eine mächtige Tat Gottes ist es zum Beispiel, wenn er Menschen annimmt und sie an ihn glauben können. Eine andere mächtige Tat Gottes ist es, wenn er die Israeliten durch das Meer hindurch rettet. Oder wenn er den Israeliten einfach Brot vom Himmel schickt, damit sie nicht verhungern. Hör mal genau hin: auch heute tut Gott Wunder, auch heute sprechen Menschen von Gottes mächtigen Taten. Und vielleicht hast du schon eine miterlebt oder gesehen. Dann erinnere dich daran, damit du dich über Gott freuen kannst.
U.Ra.

26. MÄRZ

Der Prophet Johannes sah die neue Stadt Gottes:
Die Stadt braucht als Lichtquelle weder Sonne noch Mond, denn in ihr leuchtet die Herrlichkeit Gottes und das Licht des Lammes. In diesem Licht werden die Völker der Erde leben, und die Herrscher der Welt werden kommen und ihre Reichtümer in die Stadt bringen.
Offenbarung 21, 23–24 (HFA)

Unvorstellbar für uns. Wenn wir jetzt Licht brauchen, ziehen wir die Vorhänge zurück oder schalten elektrisches Licht ein. In Gottes Stadt leuchtet Gott selber hell und klar. Ich entdecke wieder etwas Neues von Gottes Wesen.

Gebet: Lieber Vater, bitte komme heute mit deinem hellen, klaren Licht in mein Leben. Es gibt so viele Dinge, die mir nicht klar sind. Bitte hilf du mir.

D.K.

---

27. MÄRZ

Wenn jemand von euch krank ist, dann soll er die Ältesten der Gemeinde zu sich rufen, damit sie für ihn beten, ihn im Namen des Herrn segnen und ihn mit Öl salben.

Jakobus 5, 14 (HFA)

Wie weise hat Jesus das eingerichtet, dass er uns in die Gemeinde gesetzt hat! Wenn wir in der Gemeinde mutig auf ihn vertrauen und so handeln, wie er es uns in seinem Wort sagt, kann er für uns sorgen. Sogar für unsern Körper, wenn wir krank sind. Jesus hat immer gern allen geholfen, und heute tut er das durch die Gemeinde.

B.v.B.

---

28. MÄRZ

Das Erste und Wichtigste, wozu ich die Gemeinde auffordere, ist das Gebet. Es ist unsere Aufgabe, mit Bitten, Flehen und Danken für alle Menschen einzutreten, insbesondere für die Regierenden.

1. Timotheus 2, 1 (NGÜ)

Wenn du ein Problem hast, eine Frage oder wenn du Angst hast oder wenn du dich total freust und einfach ganz laut »Danke« sagen möchtest, dann tue Folgendes: Schließe deine Augen und rede mit Gott darüber. Bring ihm alles, was dich beschäftigt, denn er hat immer Zeit für dich. Und außerdem hört er dir gerne zu und antwortet auf jedes echte Gebet.
W.R.

---

29. MÄRZ

Der Herr heilt den, der innerlich zerbrochen ist und verbindet seine Wunden. Der Herr richtet die Erniedrigten auf und tritt alle, die sie unterdrückt haben, in den Staub.
Psalm 147, 3+6 (HFA)

Spiel: Nimm einen kleinen Eiswürfel und gib ihn schnell im Kreis herum bis nichts mehr davon übrig ist. Wer nichts mehr weitergeben kann, darf den folgenden Text vorlesen: »Andere Menschen fügen unserer Seele manchmal Wunden zu und tun uns innerlich weh. Aber wenn wir in der Familie und mit Gott über das reden was andere uns antun, dann schmilzt unsere Traurigkeit und Angst wie das Eis... So lange, bis nichts mehr davon übrig ist.«
C.Schn.

---

30. MÄRZ

Die ganze Heilige Schrift ist von Gottes Geist eingegeben. Sie lehrt uns, die Wahrheit zu erkennen, unsere Schuld einzusehen und uns von Grund auf zu ändern und so zu leben, dass wir vor Gott bestehen können.
2. Timotheus 3, 16 (HFA)

> Alle Worte der Bibel hat uns Gottes Geist gegeben.
> (*Chor:* Alle Worte der Bibel hat uns Gottes Geist gegeben.)
> Sie lehren uns, die Wahrheit zu erkennen,
> (*Chor:* Sie lehren uns, die Wahrheit zu erkennen,)
> um so zu leben, dass wir vor Gott besteh'n.
> (*Chor:* um so zu leben, dass wir vor Gott besteh'n.)

(Daniel Kallauch aus CD »Hurra für Jesus 9« © cap!-music, 72213 Altensteig)

31. MÄRZ

Der Gefängnisaufseher fragte Paulus und Silas: »Was muss ich tun, um gerettet zu werden?« »Glaube an den Herrn Jesus, dann wirst du mit deiner Familie gerettet«, erwiderten sie. Sie verkündigten ihm und seiner ganzen Familie die Heilsbotschaft.
Apostelgeschichte 16, 30−32 (HFA)

Gebet: Jesus, hilf mir heute, dass ich von dir erzähle, wenn mich jemand fragt. Es ist egal, wo ich dann gerade bin, ob in der Schule, im Kindergarten, bei der Arbeit oder zu Hause. Ich bin bereit und stelle mich dir zur Verfügung für diesen Tag. Ich will zuhören, wenn mir jemand etwas erzählt und antworten, was du mir sagst und was in deinem Wort steht. Ich will mit deiner Hilfe Antworten auf die Fragen der Menschen geben.
C.G.

1. APRIL

Liebt eure Feinde und betet für alle, die euch hassen und verfolgen! Auf diese Weise handelt ihr nämlich als Kinder eures Vaters im Himmel. Denn er lässt seine Sonne für die Bösen wie für die Guten scheinen, und er lässt es regnen für Fromme und Gottlose.
Matthäus 6. 44–45 (HFA)

In einem Lied heißt es: »Es regnet, Gott segnet, die Erde wird nass. Mach mich nicht nass, mach mich nicht nass, mach nur die bösen Kinder nass!« Tja, da hat wohl einer das Herz Gottes völlig falsch verstanden. Gott will, dass wir sogar Leuten, mit denen wir Stress haben, Gutes tun und für sie beten. Oh, da fällt mir sogar jemand ein...
K.H.

2. APRIL

Nachdem wir durch den Glauben von unserer Schuld freigesprochen sind, steht nun nichts mehr zwischen uns und Gott. Wir haben Frieden mit ihm. Wem verdanken wir das? Allein Jesus Christus. Er hat uns die Tür zu einem neuen Leben mit Gott geöffnet.
Römer 5. 1–2 (HFA)

Wer **Frieden** mit Gott hat, kann zu**frieden** sein. Er ist **fried**lich und strahlt eine Zu**frieden**heit aus, weil er eine »Be**fried**ung«, einen Schutzraum für sein Leben gefunden hat. Er sucht seine tiefste Be**fried**igung nicht mehr in materiellen Dingen oder Menschen, sondern allein in Gott. Denn spätestens auf dem **Fried**hof müssen wir sowieso alles loslassen, Menschen wie Materie. Dann zählt nur noch unser Glaube. Gut, dass Jesus uns nicht zu**frieden** läßt, sondern uns immer wieder aufmerksam macht und daran erinnert, dass das entscheidende Leben, das ewige Leben und der ewige **Friede** bei Gott, nach unserem Leben beginnt. Er ist die Tür für die Ewigkeit, man muss nur durchgehen.
A.B.

3. APRIL

Dankt dem Herrn, denn er ist gut zu uns!
— Seine Liebe hört niemals auf!
Dankt ihm, dem allerhöchsten Gott!
— Seine Liebe hört niemals auf!
Dankt ihm, dem mächtigsten aller Herren!
— Seine Liebe hört niemals auf!
Psalm 136, 1–3 (GNB)

Hast du einen Pass schon mal richtig unter die Lupe genommen? Was da alles drinsteht! Wohnort, Größe, Augenfarbe, Künstlername, Geburtsdatum, Geschlecht, Staatsangehörigkeit und so weiter. Alles gehört zu dir. Sozusagen »unveränderliche Kennzeichen«. Stell dir vor, Gott hätte selber so einen Pass. Was würde drinstehen? Der Psalm sagt über Gott: Er ist gut zu uns. Er ist der allerhöchste Gott! Er ist der mächtigste Gott. Und: seine Liebe hört niemals auf! Das sind alles unveränderliche Kennzeichen Gottes. So ist Gott.
H.B.

---

4. APRIL

Dann kam einer der verachteten Samariter vorbei. Als er den Verletzten sah, hatte er Mitleid mit ihm. Er beugte sich zu ihm hinunter und behandelte seine Wunden. Dann hob er ihn auf sein Reittier und brachte ihn in den nächsten Gasthof, wo er den Kranken besser pflegen und versorgen konnte.
Lukas 10, 33 (HFA)

Ich helfe gern, pack an, juchu,
auch dann, wenn es niemand sieht.
Und frage einfach: »Wo drückt der Schuh?«,
ich freu mich, wenn Hilfe geschieht.
Wenn ich jemand sehe, der Hilfe braucht,
dann helf' ich, so gut ich kann,
denn mir geht es gut und ich hab die Zeit,
genau wie der fremde Mann.

(Daniel Kallauch aus CD »Zwei auf einen Streich« © cap!-music, 72213 Altensteig)

5. APRIL

Ich bin der Herr, dein Gott; du sollst außer mir keine anderen Götter verehren. Wirf dich nicht vor Götterfiguren nieder, bring ihnen keine Opfer dar! Denn ich bin der Herr, dein Gott.
5. Mose 5, 6–9 (Auszüge) (HFA)

»Was hat das mit mir zu tun?«, magst du dich fragen. Heute opfern wir noch keiner Götterfigur oder legen uns davor auf den Boden! Doch erlaube mir ein paar Fragen:
Wer oder was steht bei dir an erster Stelle?
Mit was verbringst du deine Freizeit?
Wo gehen deine Gedanken hin, wenn du ihnen Freiraum gibst?
Gott möchte an der ersten Stelle deines Lebens stehen.
D.Eh.

6. APRIL

Bemüht euch um das Wohl der Stadt und betet für sie. Wenn es ihr gut geht, wird es euch auch gut gehen.
Jeremia 29, 7 (HFA)

Gebet: Herr Jesus Christus, wir segnen unseren Ort, in dem wir wohnen. Bitte schenke dem Bürgermeister und dem Stadtrat gute Ideen, wie sie den Ort am besten führen können. Bewahre uns vor Krieg und Gefahren. Schenke unserer Stadt Gelingen und Wohlstand. Lass Menschen dich kennen lernen. Amen.
A.T.

7. APRIL

Hört, ihr Israeliten! Der Herr ist unser Gott, der Herr allein. Ihr sollt ihn von ganzem Herzen lieben, mit ganzer Hingabe, mit all eurer Kraft. Bewahrt die Worte im Herzen, die ich euch heute sage! Prägt sie euren Kindern ein! Redet immer und überall davon, ob ihr zu Hause oder unterwegs seid, ob ihr euch schlafen legt oder aufsteht.

5. Mose 6, 4–7 (Auszüge) (HFA)

Jesus hat einmal gesagt, dass diese Worte zu den wichtigsten in der Bibel gehören: Gott ist der einzige Gott und ihn allein sollen wir verehren mit unseren Gefühlen, mit unseren Taten, einfach mit allem, was wir sind. Unser ganzer Alltag soll voll davon sein, dass wir Gott an die erste Stelle unseres Lebens setzen. Er ist die Nummer Eins!
A.K.

Tipp: Versucht einmal, einen Tag lang immer zur vollen Stunde Gott ein paar Minuten zu geben, indem ihr ein Lied für ihn singt oder ihm für etwas dankt. So machen es manche Mönche im Kloster. Oder bringt in jedem Zimmer eurer Wohnung eine kleine Erinnerung an Gott an: ein Kreuz, ein selbst gemaltes Bild, ein Bibelvers, der euch viel bedeutet. Natürlich muss man diese kleinen Erinnerungen immer mal wieder austauschen, sonst fallen sie einem nicht mehr auf...

8. APRIL

Jesus sagte zu seinen Jüngern:
»Ich habe von Gott alle Macht im Himmel und auf der Erde erhalten. Ihr dürft sicher sein: Ich bin immer und überall bei euch bis an das Ende dieser Welt!«

Matthäus 28, 18 + 20 b (HFA)

Hier wird deutlich: Jesus ist der Herrscher! Er ist der Mächtigste, mächtiger als der amerikanische Präsident oder Superman. Keine Sache ist ihm zu groß oder zu klein. Er schafft es sogar, gleichzeitig überall zu sein, so wie die Luft. Gebetsvorschlag: Jeder dankt Gott, dass er bei ihm ist. Auf der Baustelle, in der Küche, im Kindergarten, im Büro, in der Schule...
J.F.

9. APRIL

Achtet die Ehe und haltet euch als Ehepartner die Treue.
Hebräer 13, 4 (HFA)

Ich wünsche mir, dass Mama und Papa Freunde bleiben.
Ich wünsche mir, dass sie sich immer wieder verzeih'n,
dass sie nach einem Streit zueinander lieb sind,
denn ich brauche sie beide, jetzt und allezeit.
Das wünsch ich mir, ich wünsch es mir.
(Daniel Kallauch aus CD »Freunde« © cap!-music, 72213 Altensteig)

10. APRIL

Der Herr hielt sein Wort und sorgte dafür, dass die Israeliten in Frieden leben konnten. Mit seiner Hilfe hatten die Israeliten alle Feinde besiegt. Kein Versprechen des Herrn blieb unerfüllt — alles war eingetroffen.
Josua 21, 44–45 (HFA)

Fährt man mit der Eisenbahn, weiß man ganz genau, wann der Zug ankommt und wieder abfährt. Darauf kann man sich verlassen. Nicht umsonst heißt es »Pünktlich wie die Eisenbahn«. Es ist schön, wenn man sich auf etwas verlassen kann. Es ist schön, zuverlässige Freunde zu haben. Trotzdem: Ein Zug kann Verspätung haben, ein Freund kann sich irren.

Gott hat nie Verspätung, er hält alle seine Versprechen; das hatte das Volk Israel erlebt und das gilt bis heute.
A.B.

11. APRIL

Leidet jemand unter euch? Dann soll er beten! Wem es aber gutgeht und wer Grund zur Freude hat, der soll Gott Loblieder singen.
Jakobus 5, 13 (HFA)

Wie geht es euch gerade? Fühlt sich jemand krank oder entmutigt, lustlos oder müde? Ist einer Gott für eine Sache total dankbar und könnte nur hüpfen und springen? Erzählt einander davon. Bringt eure Bitten im Gebet zu Gott und/oder singt ein Lied zum Lob Gottes.
M.D.

12. APRIL

Mit Bitterkeit, Jähzorn, Wut, gehässigem Gerede oder anderen Gemeinheiten sollt ihr nichts mehr zu tun haben. Seid vielmehr freundlich und barmherzig, immer bereit, einander zu vergeben, so wie Gott euch durch Jesus Christus vergeben hat.
Epheser 4, 31–32 (HFA)

Gott ist freundlich, barmherzig und bereit zu vergeben. Es ist so viel angenehmer, wenn mir jemand freundlich oder barmherzig begegnet und vergibt, wenn ich einen Fehler gemacht habe. Diese Art, mit Menschen umzugehen, können wir von Jesus lernen.
C.G.

13. APRIL

David und Jonathan schlossen einen Bund und schworen sich ewige Freundschaft. Jonathan sagte: »David, du bist mir so lieb wie mein eigenes Leben!« Dann zog er den Mantel und die Waffenrüstung aus und schenkte sie David, dazu noch sein Schwert, den Bogen und den Gürtel.
1. Samuel 18, 3–4 (HFA)

Danke, lieber Vater, dass wir Freunde haben, die uns mögen, denen wir alles erzählen können, und die für uns da sind, wenn wir sie brauchen. Laß uns ihnen auch gute Freunde sein und bewahre uns vor Streit. Lass die Kinder und Erwachsenen Freunde finden, die noch keine Freunde haben.
G.G.

14. APRIL

Der Herr, euer Gott, ist der wahre und treue Gott! Über Tausende von Generationen steht er zu seinem Bund und erweist allen seine Güte, die ihn lieben und sich an seine Gebote halten.
5. Mose 7, 9 (HFA)

Meine Augenfarbe habe ich von meiner Mutter geerbt, mein handwerkliches Talent hatte schon mein Großvater. Meine Vorfahren haben meine Persönlichkeit mit geprägt.
Doch über allem steht mein Vater im Himmel, der mir das Leben geschenkt hat. Er hat mich mit viel Liebe ganz einmalig geschaffen, ich bin sein Meisterwerk. Deshalb möchte er, dass es mir gut geht. Wenn ich nach seinen Anweisungen lebe, wird mein Leben gelingen.
A.H.

15. APRIL

Petrus fielen die Worte ein, die Jesus gesagt hatte: »Ehe der Hahn kräht, wirst du mich dreimal verleugnen.« Da ging Petrus hinaus und weinte voller Verzweiflung.
Matthäus 26, 75 (HFA)

> Er nimmt mich an wie ich bin, er ist mein Freund.
> Er meckert nicht an mir rum, er ist mein Freund.
> Er hat alles getan, damit wir Freunde werden,
> er setzt alles daran, dass es so bleibt.
> Er versteht es, wenn ich weine, er ist mein Freund.
> Er verzeiht mir immer neu, er ist mein Freund.

(Daniel Kallauch aus CD »Freunde« © cap!-music, 72213 Altensteig)

16. APRIL

Ermutigt und ermahnt euch gegenseitig, und dankt Gott von ganzem Herzen mit Psalmen, Lobgesängen und Liedern, die euch der Heilige Geist schenkt.
Kolosser 4, 16 (HFA)

Als Paulus einmal mit seinem Freund Silas im dunklen Gefängnis saß, da haben sie spontan zusammen ein Lied gesungen. Ein Lied von Gott. Mit

diesem Lied haben sie alle Mitgefangenen getröstet und ermutigt. Singt doch auch einmal ein Lied für Gott zusammen. Schaut, was es mit euch macht.
K/B.H.

---

17. APRIL

Gott allein gehören Macht und Weisheit. Er ist der Herr der Zeit und bestimmt, wann was geschieht.
Daniel 2, 20 b – 21 a (HFA)

Ganz ohne Angst darf ich in jeden neuen Tag gehen, denn Gott hat schon vor meiner Geburt alle Tage meines Lebens in sein Buch geschrieben. Er bestimmt, was heute in meinem Leben passieren wird. Und weil ich weiß, dass er mich liebt, vertraue ich darauf, dass er es bei allem gut mit mir meint.
B.J.

---

18. APRIL

Du Herr, bist bei mir, du beschützt mich mit deinem Hirtenstab.
Psalm 23, 4 (HFA)

So wie ein guter Hirte mit seinem Stab gegen den Wolf kämpft, um sein Schaf zu beschützen, so beschützt mich Jesus. Er ist bei mir, auch an diesem Tag. Er weiß, wo es gefährlich ist und wo Gefahren lauern. Er kämpft für mich und steht zu mir.

Gebet: Danke, Jesus, dass du mich beschützt, so dass ich mich nicht fürchten muß.

19. APRIL

In Gottes Auftrag vollbrachten die Apostel viele erstaunliche Taten und Wunder. Die Menschen brachten ihre Kranken und von Dämonen Besessenen, und alle wurden gesund.

Apostelgeschichte 5, 12 +16 b (HFA)

Das ist ein Stück vom Reich Gottes: Menschen, die zusammenhalten, weil Jesus in ihnen lebt. Menschen, die riesengroße Dinge wagen, um Jesus groß raus zu bringen. Menschen, die alle ihre Freunde mitbringen, weil Jesus die Hoffnung ist. Menschen, die im Vertrauen auf Gott Neues wagen.

E.M.

20. APRIL

Herr, ich danke dir, dass du mich so wunderbar und einzigartig gemacht hast! Großartig ist alles, was du geschaffen hast – das erkenne ich!

Psalm 139, 15 (HFA)

    Voll-, Voll-, Volltreffer – ja, ein Volltreffer Gottes bist du!
    Voll-, Voll-, Volltreffer – du bist wertvoll – ja du!
    Wunderbar bist du gemacht mit deinen schönen Augen,
    freu dich, dass du sehen kannst, das war Gottes Idee!

(Daniel Kallauch aus CD »Hurra für Jesus 1« © cap!-music, 72213 Altensteig)

21. APRIL

Sei mutig und entschlossen! Lass dich nicht einschüchtern, und hab keine Angst! Denn ich, der Herr, dein Gott, bin bei dir, wohin du auch gehst.

Josua 1, 9 (HFA)

Heute spricht Gott uns Mut zu. Wovor hast du Angst? Wo fällt es dir schwer, Schritte vorwärts zu gehen, von denen du weißt, dass sie richtig sind? Fühlst du dich durch einen anderen eingeschüchtert?

    Gott sagt: »Geh entschlossen deinen Weg. Du bist nicht alleine. Ich gehe jeden Schritt mit dir mit.« Geh' mit Gott, aber geh'!

E.S.

22. APRIL

Freuen dürfen sich alle, die verfolgt werden, weil sie tun, was Gott will — mit Gott werden sie leben in seiner neuen Welt.
Matthäus 5, 10 (GNB)

Jesus nachzufolgen und tun, was Gottes Wort sagt, das ist nicht immer leicht. Manchmal machen sich die Leute lustig darüber, wenn wir z.B. ehrlich bleiben, wenn alle schummeln. Es gibt auch Länder, in denen Christen richtig verfolgt werden. Man verbietet ihnen, sich zum Gottesdienst zu treffen oder anderen von Jesus weiterzusagen. Aber Gott freut sich, wenn wir an seiner Seite bleiben und gibt uns einen besonderen Wegbegleiter: seine Freude. Wenn der Tag einmal schwer wird und wir Trost brauchen, kann er alles zum Guten wenden.
C.Sch.

23. APRIL

Ihr Kinder, gehorcht euren Eltern! So erwartet es Gott von euch. »Du sollst deinen Vater und deine Mutter ehren!« Ihr Eltern, behandelt eure Kinder nicht ungerecht. Sonst fordert ihr sie nur zum Widerspruch heraus. Eure Erziehung muß vielmehr in Wort und Tat von der Liebe zu Christus bestimmt sein.
Epheser 6, 1 und 3—4 (HFA)

Himmlischer Vater, ich bitte dich, schenke mir ein gehorsames Herz. Hilf mir, meine Eltern zu ehren und zu achten und zu tun, was sie mir sagen, auch wenn ich manchmal anderer Meinung bin! Danke für meine Eltern. Danke, dass wir über alles reden können.

Als Mutter und Vater bitten wir dich, dass wir den Kindern durch unser Leben ein gutes Vorbild sind, dass wir gerecht mit ihnen umgehen, vergebungsbereit sind und nicht unbesonnen handeln. Hilf uns, dass deine Liebe unser Miteinander bestimmt.

G.M.

---

24. APRIL

Gott sagte zu Jakob: Ich stehe bei dir; ich behüte dich, wo du auch hingehst, und bringe dich heil wieder in dieses Land zurück. Niemals lasse ich dich im Stich; ich stehe zu meinem Versprechen, das ich dir gegeben habe.
1. Mose 29, 15 (HFA)

Jakob war, ehrlich gesagt, ein ganz schön gerissener Kerl. Er hat oft auf hinterlistige Art und Weise versucht, an sein Ziel zu kommen. Die anderen waren ihm dabei ziemlich egal. Aber Gott steht zu uns, auch wenn wir viele Fehler machen. Und vor allem steht er zu dem, was er versprochen hat. Jakob hat er versprochen, dass er ihm und dem ganzen Volk Israel ein Land schenken wird, in dem sie gut leben können. Da kann passieren, was will. Gott wird sein Versprechen weder vergessen noch brechen! Was hat er eigentlich uns versprochen?

C.E.

---

25. APRIL

Mit Leib und Seele juble ich dir zu, du lebendiger Gott! Herr, du Gott über Himmel und Erde, du bist mein König und Gott!
Psalm 84, 3 (HFA)

>   Hast du schon mal Gott gedankt, dass du so schnell laufen kannst?
>   Hast du schon mal Gott gedankt, dass du so hoch hüpfen kannst?
>   Er gab dir zwei Beine mit Füßen unten dran,
>   er gab dir zwei Beine, danke ihm und freu dich daran!

(Daniel Kallauch aus CD »Hurra für Jesus 1« © cap!-music, 72213 Altensteig)

26. APRIL

Es genügt nicht, Gottes Wort nur anzuhören; ihr müsst auch danach handeln. Alles andere ist Selbstbetrug.
Jakobus 1, 22 (HFA)

Wenn mir ein Freund das Skifahren beibringen will, dann reicht es nicht, nur zuzuhören, worauf ich zu achten habe. Sondern ich muss mir selbst die Skier anschnallen, seine Ratschläge anwenden und üben. Nur so kann ich Skifahren lernen. Und nur so werde ich zu einem Skifahrer (sonst wäre ich nämlich bloß ein Skihörer). Genauso ist es mit dem Wort Gottes.

Gebet: Jesus, ich will deine Ratschläge nicht nur hören, sondern auch danach handeln. Bitte hilf mir dabei.
M.Mb.

27. APRIL

Wer so klein und demütig sein kann wie ein Kind, der ist der Größte in Gottes Reich.
Matthäus 18, 4 (HFA)

Als Familie haben wir ein paar Jahre in Israel gelebt. Wir besuchten oft die Geburtskirche in Bethlehem. Nur unsere Kinder konnten fröhlich durch den Eingang hüpfen, wir Großen mussten uns ziemlich tief bücken. So mancher Erwachsene stieß sich den Kopf vor Ungeduld an. Niemand sollte stolz durch diese Türe marschieren. Jesus kam als Baby zur Welt: Bei Gott sind die Kleinen ganz groß.
M.P.

28. APRIL

Ich liebe dich, Herr! Du bist meine Kraft! Der Herr ist mein Fels, meine Festung und mein Erretter, mein Gott, meine Zuflucht, mein sicherer Ort.

Psalm 18, 2–3 a (HFA)

Diese Worte kann man sprechen, wenn man in einer ziemlich schwierigen Lage ist. Geht es dir gerade nicht gut? Bist du in einer Situation, in der du dich ziemlich alleine gelassen fühlst? Dann bete diesen Vers doch einmal. Sprich mit Gott über das, was du dir in einer solchen Situation erhoffst und wonach du dich sehnst. Er hört auch dein Gebet.

U.Ra.

29. APRIL

Der Herr schützt dich vor allem Unheil, er bewahrt dein Leben. Er gibt auf dich Acht, wenn du aus dem Haus gehst und wenn du wieder heimkehrst. Jetzt und für immer steht er dir bei!

Psalm 121, 7–8 (HFA)

Auf jedem Weg, den du gehst oder fährst (oder fliegst), möchte Gott dabei sein. Er möchte dich vor einem Unfall bewahren, er möchte aufpassen, dass du überall heil ankommst. Es gibt nicht eine Sekunde in deinem Leben, die Gott verpaßt. So wie der Uhrzeiger immer weiter läuft und nichts überspringen kann, so geht auch Gott mit dir den ganzen Weg, den du vor dir hast.

W.R.

30. APRIL

Jesaja prophezeite über Jesus:
»Es war unsere Krankheit, die er auf sich nahm; er erlitt die Schmerzen, die wir hätten ertragen müssen. Er wurde blutig geschlagen, weil wir Gott die Treue gebrochen hatten; wegen unserer Sünden wurde er durchbohrt. Er wurde bestraft – und wir? Wir haben nun Frieden mit Gott! Durch seine Wunden sind wir geheilt.«

Jesaja 53, 4–6 (Auszüge) (HFA)

Gebet:
Ich habe eingekauft und Schulden gemacht – und du, Jesus, hast bezahlt!
Ich habe die Tafel vollgekritzelt und versagt – und du hast alles sauber gemacht und weggewischt.
Ich habe mir alles Mögliche eingebrockt – und du hast alles ausgelöffelt.
Ich habe Herzen kaputt gemacht und verletzt – und du hast verbunden und geheilt.
Ich habe nicht auf dich gehört, bin meinen eigenen Weg gegangen, hab dich ignoriert, und du hast nicht mit Schadenfreude reagiert, als ich nicht mehr weiterwusste, kein »Siehste, das haste davon!« sondern »Ich lieb dich trotzdem! Ich warte auf dich, komm doch zu mir. Ich freu mich auf dich, wenn du zu mir kommst!« – Wenn das so ist, Jesus, dann komm ich gleich!
A.B.

1. MAI

So spricht der Herr: »Sorgt für Recht und Gerechtigkeit! Helft den Menschen, die beraubt und unterdrückt werden! Den Ausländern, Waisen und Witwen tut keine Gewalt an und übervorteilt sie nicht.«
Jeremia 22, 3 (HFA)

Es gibt den Spruch: »Wenn jeder nur an sich denkt, ist an jeden gedacht.« Wie findet ihr den? Viele Menschen leben so und denken nur an sich. Gott fordert uns auf, dass wir uns gegenseitig helfen sollen. Reiche helfen Armen, Starke helfen Schwachen. Wir brauchen uns gegenseitig. Wer braucht heute deine Hilfe?
J.F.

2. MAI

Jesus sagte: »Mein Königreich gehört nicht zu dieser Welt, man kann es mit keinem anderen Reich vergleichen.« Pilatus fragte ihn: »Dann bist du also doch ein König?« Jesus antwortete: »Ja, du hast recht. Ich bin ein König.«
Johannes 18, 36a + 37 (HFA)

> Hurra, Hurra, Hurra für Jesus!
> Jesus ist König, Jesus ist Gott.
> Jesus, wir nehmen dich beim Wort,
> Herr, wir bitten: dein Reich komme.
> Zeichen und Wunder lass gescheh'n,
> Gott hat den Sieg!
> Jesus ist König — Jesus ist Gott.

(Daniel Kallauch aus CD »Hurra für Jesus 1« © cap!-music, 72213 Altensteig)

3. MAI

Daniel betet: Wir flehen zu dir, nicht weil wir deine Hilfe verdient hätten, sondern weil du uns schon so oft gnädig gewesen bist.
Daniel 9, 18 (HFA)

Kennst du Daniel? Dreimal am Tag hat er an seinem offenen Fenster gebetet. Das hat ihm Kraft gegeben. Beim Beten hat er Gott ganz genau kennen gelernt. Bei den Löwen hat er Gottes Kraft erlebt. Daniel war ein großer Mann und ein großes Vorbild. Aber er weiß: dass Gott uns hört, können wir nicht verdienen. Gott schenkt uns seine Aufmerksamkeit. Denn Gott ist gnädig! Er ist einfach für uns.
R.R.

4. MAI

Ich, der Herr, frage euch: »Meint ihr, ich hätte Freude daran, dass der Gottlose sterben muss? Nein, ich freue mich, wenn er von seinen falschen Wegen umkehrt und am Leben bleibt!«
Hesekiel 18, 23 (HFA)

Gebet: Herr, du bist wirklich gnädig. Du bist nicht nur freundlich zu den Menschen, die schon lange deine Kinder sind. Du sehnst dich danach, dass die Menschen zu dir umkehren. Du zählst nicht wie ein »Immerbesserwisser« mit erhobenem Zeigefinger auf, was ich alles falsch mache. Auch mit mir bist du gnädig. Du freust dich, wenn ich deine guten Wege wähle. Hilf mir, ich will dir so gern viel Freude machen.
K.H.

5. MAI

Johannes wuchs heran und lernte, Gottes Willen immer besser verstehen. Als junger Mann zog er sich in die Einsamkeit der Wüste zurück bis zu dem Tag, an dem er öffentlich vor dem Volk Gottes auftrat.
Lukas 1, 80 (HFA)

Gebet: Jesus, bitte hilf mir, deinen Willen immer besser zu verstehen. Ich will mir Zeit nehmen, um von dir zu lernen, damit ich tun kann, was du möchtest. Danke, dass du immer bei mir bist, egal ob ich alleine bin oder ob viele Menschen um mich sind.
M.M.

6. MAI

Wer bereit ist, sein Leben vorbehaltlos für Gott einzusetzen, der wird es in Ewigkeit erhalten. Wer mir dienen will, der soll mir auf diesem Weg folgen.
Johannes 12, 26 (HFA)

Manches Mal sieht es so aus, als ob wir die Verlierer sind, wenn wir Gott gehorchen und uns ganz für ihn einsetzen. Nein, wir sind die Gewinner, weil Gott uns ewiges Leben verspricht. Gehe mit folgendem Gedanken durch den Tag: Wenn ich Gott gehorche und mich für ihn einsetze, bin ich einer der größten Gewinner!!
E.S.

7. MAI

Herr, zeige mir, welchen Weg ich einschlagen soll, und lass mich erkennen, was du von mir willst! Schritt für Schritt laß mich erfahren, dass du zuverlässig bist. Du bist der Gott, der mir hilft. Du warst immer meine einzige Hoffnung.
Psalm 25, 4−5 (HFA)

Manchmal stehen wir in unserem Leben an einer Kreuzung. Wir wissen nicht, ob wir nach rechts gehen sollen oder ob links die richtige Richtung ist. Gott weiß, welchen Weg du gehen sollst, denn er hat einen guten Plan für dein Leben. Bitte ihn, dass er dir hilft, die richtige Entscheidung zu treffen und er wird es tun. Gott will mit dir darüber reden!
E.DS.

8. MAI

Gott hat uns aus der Gewalt der Finsternis befreit, und nun leben wir unter der Herrschaft seines geliebten Sohnes Jesus Christus.
Kolosser 1, 13 (HFA)

Raus aus der Finsternis,
raus aus der Eiszeit,
raus aus der Finsternis,
rein ins Licht!
Jesus, du bist Gottes Sohn,
du kamst aus dem Licht
in die Dunkelheit der Welt,
fürchtest dich nicht.
Hast dem Tod die Macht geraubt,
ein für allemal,
und jetzt reichst du mir die Hand,
stellst mich vor die Wahl:
raus aus der Finsternis, rein ins Licht!

(Daniel Kallauch aus CD »Hurra für Jesus 3«
© cap!-music, 72213 Altensteig)

9. MAI

Liebt eure Feinde und tut denen Gutes, die euch Böses wünschen, und betet für alle, die euch beleidigen.
Lukas 6, 27 (HFA)

Lieber Herr, was du da von uns willst, ist wirklich sehr schwer. Es ist ja schon nicht leicht, zu denen nett zu sein, die man so nicht leiden kann. Noch schlimmer: auch dem, der uns reinlegen und ärgern wollte, sollen wir mit ehrlichem Herzen etwas Nettes sagen und Gutes tun? Obwohl der es doch gar nicht »verdient« hat? Aber weil du es uns vorgemacht hast, wollen wir es auch versuchen und bitten dich, uns dabei zu helfen. Ohne dich können wir es auf gar keinen Fall. Mit dir schaffen wir es!

C.E.

10. MAI

Gott sagt: »Rufe mich an in der Not, so will ich dich erretten und du sollst mich preisen.«
Psalm 50, 15 (LB)

Gabi, meine Frau, ist mit dem Auto morgens um 5 Uhr unterwegs zum Flughafen. Sie hat verschlafen. Ob sie das Flugzeug in die USA erreicht? Oder ob es ihr vor der Nase wegfliegt? Unterwegs fällt ihr ein, dass sie zu Hause ihren Geldbeutel vergessen hat. Oh nein! Jetzt umdrehen würde heißen, das Flugzeug endgültig zu verpassen. Das wäre eine Katastrophe! Was tun? Sie ruft mich übers Handy an. Klingelt mich aus dem Bett. Ich klettere im Schlafanzug ins Auto und flitze zu ihr. Wir treffen uns kurz vor dem Flughafen. Sie hat den Geldbeutel und das Flugzeug erwischt. Gut, wenn man in der Not jemanden anrufen kann, der dann auch wirklich Rettung in letzter Sekunde ist! Gott kann man in jeder Situation im Gebet »anrufen«. Und er tut alles für dich!
H.B.

11. Mai

Als Gott Abraham befahl, in ein Land zu ziehen, das ihm erst viel später gehören sollte, verließ er, ohne zu zögern, seine Heimat. Dabei wusste er überhaupt nicht, wohin er kommen würde. Er vertraute Gott.
Hebräer 11, 8–9 (Auszüge) (HFA)

Bei einer »Fahrt ins Blaue« weiß man nicht, wohin die Reise geht. Das ist ganz schön spannend. Bei Abraham ging es nicht nur um einen Tagesausflug oder eine 14-tägige Reise, bei der er das Ziel nicht kannte. Abraham hatte seine Heimat für immer verlassen ohne zu wissen, wo er von da an wohnen sollte. Aber einer wusste, wohin diese Reise geht: Gott. Die Bibel nennt so eine Reise »Glauben«.
A.K.

12. MAI

Meine Schafe hören auf meine Stimme. Ich kenne sie und sie folgen mir, und ich gebe ihnen das ewige Leben. Sie werden niemals verloren gehen, und niemand wird sie aus meiner Hand reißen.
Johannes 10, 27–28 (NGÜ)

Ein Schaf kennt die Stimme seines Hirten, weil dieser viel Zeit mit seinen Tieren verbringt. Unser Hirte ist Jesus. Auch er will Zeit mit uns verbringen, damit wir ihn immer besser kennenlernen. Frage dich ehrlich: wieviel Zeit nehme ich mir, um die Bibel kennenzulernen, um mit Jesus zu reden?

Entscheide dich, mehr Zeit mit ihm zu verbringen und du wirst seine Stimme viel besser hören!

G.G.

---

13. MAI

Weder Tod noch Leben, weder Engel noch Dämonen, weder Gegenwärtiges noch Zukünftiges, noch irgendwelche Gewalten, weder Himmel noch Hölle oder sonst irgendetwas können uns von der Liebe Gottes trennen, die er uns in Jesus Christus, unserem Herrn, bewiesen hat.

Römer 8, 38 (HFA)

In Gottes Liebe bin ich immer geborgen. Wie ein Baby auf dem Arm der Mutter geschützt, gewärmt und versorgt wird, so umgibt mich Gott von allen Seiten. Vor den Bedrohungen brauche ich keine Angst zu haben, denn niemand kann mich aus Gottes Arm herausreißen.

A.H.

---

14. MAI

Freuen dürfen sich alle, die auf Gewalt verzichten — Gott wird ihnen die Erde zum Besitz geben.

Matthäus 5, 5 (GNB)

Drei Jungen haben einen anderen Jungen verprügelt. Dieser wiederum holte dann seine Freunde und zusammen verprügelten sie wieder die ersten drei Jungs. So wird das Prügeln wohl kein Ende nehmen. Es ist heute leichter, drauf zu hauen, als auf Gewalt zu verzichten. Jesus zeigt hier einen neuen Weg.

K/B.H.

15. MAI

Öffnet euch weit, ihr alten Portale, denn der König will einziehen, die höchste Majestät! Wer ist denn dieser mächtige König? Es ist Gott, der Herr, der Starke, der Held. Es ist der Herr, der siegreiche König.
Psalm 24, 7–8 (HFA)

> Gott ist stark – Gott ist stärker noch als Supermann!
> Er ist der aller-, allerstärkste Held auf dieser Welt!
> Und wenn ich mal nicht mehr kann,
> ja, dann feuert er mich an.

(Ute Spengler aus CD »Hurra für Jesus 9« © Projektion J, Asslar)

16. MAI

Der Herr, euer Gott, ist in eurer Mitte; er ist stark und hilft euch!
Zephanja 3, 17 a (HFA)

Immer wieder wandte sich das Volk Israel von Gott ab und war ungehorsam. Weil Gott sein Volk liebte, schickte er Propheten zu den Israeliten, um sie zur Umkehr zu bewegen. Der Prophet Zephanja spricht diese Mut machenden Worte zu denen aus dem Volk, die zu Gott umgekehrt sind. Das gilt also auch uns! Jeder war einmal von Gott getrennt, und wer sich zu ihm bekehrt hat und seine ganze Hoffnung auf ihn setzt, dem hilft er – unser starker Vater im Himmel!!
B.J.

17. MAI

Herr, glücklich ist das Volk, das dich jubelnd als König feiert! Du selbst bist unter ihnen und bringst Licht in ihr Leben. Sie freuen sich jeden Tag über dich und sind fröhlich, weil du dein Versprechen hältst.
Psalm 89, 16–17 (HFA)

Gebet: Jesus, weil du mein König und Herr bist, habe ich soviel Freude in meinem Herzen. Du hältst, was du versprichst. Dir kann ich total vertrauen.
S.L.

18. MAI

Wir wissen, dass der Sohn Gottes zu uns gekommen ist, damit wir durch ihn Gott kennenlernen, der die Wahrheit ist.
1. Johannes 5, 20 a (HFA)

Manche Leute sind immer ehrlich. Das fällt auf! Als Jesus auf der Erde war, ist er auch immer aufgefallen. Was er sagte, was er tat – den Menschen blieb der Mund vor Staunen offen stehen und sie kapierten: Jesus ist Gottes Sohn! Er ist zu uns gekommen! Jesus will auch mitten in unserem ganz normalen Leben sein und uns zeigen: Gott ist da!
E.M.

19. MAI

Unser Körper besteht aus vielen Teilen, die ganz unterschiedliche Funktionen haben. Ebenso ist es mit uns Christen. Gemeinsam bilden wir alle den Leib Christi – die Gemeinde – und jeder einzelne ist auf die anderen angewiesen. Gott hat jedem von uns durch seinen Heiligen Geist unterschiedliche Gaben geschenkt.
Römer 12, 4–6 (HFA)

Vielleicht kannst du gut singen oder Gitarre spielen oder du kannst gut Geschichten erzählen oder organisieren. Bringe einfach deine Gaben in die Gemeinde ein. Sei nicht neidisch auf Gaben, die du vielleicht noch nicht hast. Die Gabe des praktischen Dienens ist auch sehr wichtig – einfach zu helfen, wo es nötig ist. Bitte Gott um alle Gaben, die du brauchst und um Erkenntnis, welche Gaben du bereits hast.
G.M.

20. MAI

Ihr Männer, liebt eure Frauen so, wie Christus seine Gemeinde liebt, für die er sein Leben gab.
Epheser 5, 25 (HFA)

Man liebt jemanden nicht nur, indem man tolle Gefühle für den anderen hat. Lieben heißt auch, auf etwas zu verzichten oder ein Opfer zu bringen, weil man den anderen eben so gerne hat. Dabei ist Jesus unser Vorbild. Er ist aus Liebe zu uns Menschen sogar gestorben. Mit dieser starken Liebe soll auch ein Mann seine Frau lieben.
M.Mb.

21. MAI

In der Stunde der Bewährung kann der Gottlose nicht bestehen, aber wer Gott gehorcht, der steht auf festem Fundament.
Sprüche 10, 25 (HFA)

Der Dichter dieses Spruches setzt den Gehorsam gegenüber Gott, also das Befolgen seines Wortes, mit einem festen Fundament gleich. Häuser, die bei uns gebaut werden, bekommen zuerst ein Fundament aus Beton. Darauf steht dann das ganze Haus. Menschen, die Gott vertrauen, haben einen sicheren Stand und einen festen Halt – auch in schweren Stunden.
D.K.

22. Mai

Gott hat uns seine große Liebe gerade dadurch bewiesen, dass Christus für uns starb, als wir noch Sünder waren. Wieviel weniger müssen wir einmal am Gerichtstag Gottes Zorn fürchten, nachdem wir jetzt durch den Opfertod Jesu von unserer Schuld freigesprochen worden sind.
Römer 5, 8 – 9 (HFA)

Einer für alle, das gilt!
Einer für alle, das zählt!
Jesus Christus hat alles getan,
Gott nimmt uns als seine Kinder an.
Jesus ist einer, der für alle alles gab,
Jesus ist der Eine, der für alle Sünden starb.
Einer für alle, das gilt!

(Daniel Kallauch aus CD »Hurra für Jesus 8« © cap!-music, 72213 Altensteig)

23. MAI

Paulus schreibt: Mein größter Wunsch ist, dass Gott euch mit seinem Frieden erfüllt und ihr ohne jede Einschränkung ganz ihm gehört.
1. Thessalonicher 5, 23 a (HFA)

Gebet: Herr Jesus, so viele wollen etwas von mir. Meine Zeit, mein Geld, meine Arbeit, meine Hilfe, meine Freundschaft, meine guten Beziehungen. Manchmal fühle ich mich zerrissen von all den Erwartungen. Es raubt mir

den Frieden und die Gelassenheit – aber Herr, ich gehöre ganz dir, niemandem sonst! Daran erinnere mich heute den ganzen Tag, damit ich frei sein kann für das, was du von mir möchtest!
M.P.

24. MAI

Ein Reicher hat es sehr schwer, zu Gott zu kommen. Eher lässt sich ein dickes Seil in ein Nadelöhr einfädeln, als dass ein Reicher in das Reich Gottes kommt.
Matthäus 19, 24 (HFA)

Geld an sich ist nicht schlecht. Geld brauchen wir alle. Aber wie wichtig ist es dir? Mach doch mal den Nadelöhrtest: Wenn du richtig viel Geld hättest – und ich meine: enorm viel Geld – stände Gott dann noch an der ersten Stelle deines Lebens? Es ist möglich, dass ein Reicher ins Himmelreich kommt – aber es ist schwer.
U.Ra.

25. MAI

Josef sagte zu seinen Brüdern: »Ihr wolltet mir Böses tun, aber Gott hat Gutes daraus entstehen lassen. Durch meine hohe Stellung konnte ich vielen Menschen das Leben retten. Ihr braucht also nichts zu befürchten. Ich werde für euch und eure Familien sorgen.«
1. Mose 50, 20–21 (HFA)

Wenn uns etwas gut gelingt, ist es nicht schwierig, es besonders herauszustellen, damit alle darüber staunen. Aber es ist schon ein Kunststück, wenn bei uns etwas richtig schief gelaufen ist, und wenn dann am Ende trotzdem alle staunen und nur etwas Gutes sehen. So etwas kann nur Gott fertig bringen! Aus unseren Fehlern macht er am Ende etwas sehr Gutes, das kriegt kein Mensch so hin!
W.R.

26. MAI

Lasst euch von niemandem zur Sünde verführen, der euch durch sein leeres Geschwätz einreden will, dass dies alles harmlos ist. Gott nimmt unsere Sünde sehr ernst.
Epheser 5, 6 (HFA)

Gebet: Jesus, es ist oft so schwer zu erkennen, was falsch und richtig ist. Ich will kein langweiliger Frommer sein, der sich von allem abgrenzt und keinen Spaß am Leben hat.
Aber du hast uns Gebote gegeben, nach denen wir leben sollen, weil du es gut mit uns meinst. Wenn ich diese Gebote übertrete, schade ich mir selbst am meisten und auch den Menschen, die mit mir zusammenleben. Sei ganz nah bei mir; ich weiß, dass du mir hilfst.
U.R.

27. MAI

Verkündige den Menschen Gottes Wort. Setze dich dafür ein, und zwar überall und zu jeder Zeit! Rede ihnen ins Gewissen, weise sie zurecht, und ermutige sie, wo es nötig ist. Lehre sie geduldig, den richtigen Weg zu gehen.
2. Timotheus 4, 2 (HFA)

Niemand mag unehrliche Menschen! Darum ist es so wichtig, dass Menschen, die Jesus kennen, nicht nur von Jesus erzählen, sondern auch so handeln wie er handeln würde. Das ist manchmal leichter als es aussieht, und ein anderes Mal schwerer als es scheint. Vor allem: Jesus war zu den Menschen immer ehrlich. Wenn er etwas nicht gut fand, hat er das auch gesagt. Gibt es jemanden, zu dem du ab heute ehrlich sein solltest?
C.Schn.

28. MAI

Durch den Glauben an Jesus Christus seid ihr nun alle zu Kindern Gottes geworden. Ihr gehört zu Christus, weil ihr auf seinen Namen getauft seid.
Galater 3, 26 (HFA)

Der Tag der Taufe ist ein wundervoller Tag. Ab diesem Moment gehört man wirklich zu Gottes Familie dazu. Gottes größter Wunsch ist es, dass Kinder und Erwachsene seine Kinder sein möchten, dass sie in seiner Familie ihr Zuhause finden. Er liebt seine Kinder immer und ist nie ungerecht. Als sein Kind bin ich geliebt und angenommen. Gott kümmert sich um mich und ist immer für mich da!
A.B.

29. MAI

Der Herr sieht vom Himmel herab und sieht jeden Menschen. Von seinem Thron blickt er nieder auf alle Völker der Erde. Er gibt ihnen die Fähigkeit zum Denken und Handeln; über alles, was sie tun, weiß er Bescheid.
Psalm 33, 13–15 (HFA)

> Gott ist stärker, Gott ist größer,
> nichts geschieht, was Gott nicht weiß.
> Ich habe manchmal Angst,
> aber Gott ist stärker.
> Mir fehlt der Mut, ich trau mich nicht,
> aber Gott ist stärker.

(Daniel Kallauch aus CD »Hurra für Jesus 2« © cap!-music, 72213 Altensteig)

30. MAI

In späterer Zeit will ich, der Herr, alle Menschen mit meinem Geist erfüllen. Wer dann meinen Namen anruft, soll gerettet werden.
Joel 3, 1+5 (HFA)

Mein größter Wunsch ist es, dass viele Menschen um uns herum Gott erkennen und von seiner Hoffnung erfüllt werden! Lasst uns deshalb mit Feuereifer für Gottes Sache eintreten und für Jesus glaubwürdig leben. Sein Geist hilft uns dabei.
L.R.

31. MAI

Du, Herr, lädst mich ein und deckst mir den Tisch vor den Augen meiner Feinde. Du begrüßt mich wie ein Hausherr seinen Gast und gibst mir mehr als genug.
Psalm 23, 5 (HFA)

Warum schickt Gott meine Feinde nicht gleich in die Wüste, damit ich sie nie wieder sehen muss? Macht er nicht. Nein, er lädt mich zum Essen ein und meine Feinde sind ganz in der Nähe. Gott löst nicht meine Probleme, sondern hilft mir, damit zu leben und umzugehen. Er meint es gut mit mir und gibt mir mehr als genug.
D.K.

1. JUNI

Als Jesus sich dem Stadttor näherte, kam ihm ein Trauerzug entgegen. Der Verstorbene war der einzige Sohn einer Witwe. Als Jesus sie sah, war er von ihrem Leid tief bewegt. »Weine nicht!«, tröstete er sie. Er ging zu der Bahre und legte seine Hand auf den Sarg. Jesus sagte zu dem toten Jungen: »Ich befehle dir: Steh auf!« Da setzte sich der Junge auf und begann zu sprechen. Die Mutter hatte ihr Kind durch Jesus wiederbekommen.
Lukas 7, 12–15 (Auszüge) (HFA)

Es gibt Dinge, die unabänderlich scheinen. Eines davon ist der Tod, mit dem Gott einen Grenzpunkt gesetzt hat zwischen unserem irdischen Leben und dem ewigen Leben in seinem Reich. Doch nichts auf der Welt ist so endgültig, dass Gott es nicht überwinden könnte. Das macht uns Mut, Gott jederzeit um Hilfe zu bitten und niemals die Hoffnung aufzugeben.
S.K.

2. JUNI

Josua sagte zum Volk Israel: »Habt Ehrfurcht vor dem Herrn! Dient ihm aufrichtig und mit ganzer Hingabe! Trennt euch von den Göttern, die eure Vorfahren jenseits des Euphrat und in Ägypten verehrt haben. Dient allein dem Herrn! Entscheidet euch heute, wem ihr gehören wollt. Ich aber und meine Familie, wir wollen dem Herrn dienen.«
Josua 24, 14–15 (Auszüge) (HFA)

Gehörst du dir? Nein! Gehörst du deinen Eltern? Nein! Deinem Lehrer? Auch nicht. Aber dem Staat? Nein! Du gehörst ganz allein Gott. Er hat dich geschaffen und er hat das Copyright auf dich. Aber »ge**hören**« hat auch was mit »hören« und »horchen« zu tun. Hören wir auf Gott? Ge**horchen** wir ihm? Oder auf wen oder was hören wir eigentlich? Von wem lassen wir unser Denken und Handeln bestimmen?
A.B.

3. JUNI

Jesus sagte zu seinen Jüngern: »Ihr seid das Licht, das die Welt erhellt. Eine Stadt, die hoch auf dem Berg liegt, kann nicht verborgen bleiben. Man zündet ja auch keine Lampe an und deckt sie dann zu. Im Gegenteil: Man stellt sie so auf, dass sie allen im Haus Licht gibt.«

Matthäus 5, 14–15 (HFA)

>Feuerwerk, Feuerwerk, Feuerwerk,
>Gottes Liebe lebt in mir – ein Feuerwerk.
>Komm, zünde es an!

(Daniel Kallauch aus CD »Hurra für Jesus 2« © cap!-music, 72213 Altensteig)

4. JUNI

Jubelt dem Herrn zu, ihr Völker der Erde! Dient ihm voller Freude, kommt zu ihm mit fröhlichen Liedern! Erkennt, dass der Herr unser Gott ist! Er hat uns zu seinem Volk gemacht, ihm gehören wir!

Psalm 100, 1–3 (HFA)

Gebet: Danke Gott, dass du mir jeden Tag so unglaublich viel Gutes schenkst. Ich will nicht unzufrieden sein, sondern begreifen, dass ich von dir alles Schöne bekomme. Egal, was heute auf meinem Programm steht, ich werde dir mit Begeisterung dienen. Du bist mein Gott!
M.M.

5. JUNI

Der Herr gibt auf dich acht; er steht dir zur Seite und bietet dir Schutz vor drohenden Gefahren. Tagsüber wird dich die Sonnenglut nicht verbrennen, und in der Nacht wird der Mond dir nicht schaden.

Psalm 121, 5–6 (HFA)

>Jesus ist bei dir, Jesus ist da,
>in deinen Träumen ist er dir nah.
>Gottes Engel behüten dich,
>Gottes Hände beschützen dich.
>Jesus ist bei dir, Jesus ist da.

(Daniel Kallauch aus CD »Hurra für Jesus 9« © cap!-music, 72213 Altensteig)

6. JUNI

Herr, zeige mir den richtigen Weg, damit ich in Treue zu dir mein Leben führe! Lass es meine einzige Sorge sein, dich zu ehren und dir zu gehorchen! Herr, mein Gott, von ganzem Herzen will ich dir danken, denn du bist überaus gut zu mir gewesen.
Psalm 86, 11 – 13 (Auszüge) (GNB)

Ein »Dankeschön« an meinen himmlischen Papa: Wenn ich falle, hilfst du mir auf; will ich nicht weiter, sagst du: »Komm lauf«. Über den Abgrund reichst du mir die Hand und führst mich ganz sicher hinüber ans Land. Bin ich einsam und allein, kommst du zu mir, öffnest leise die Tür und sagst »Ich bin hier«. Bin ich traurig und weine, legst du deinen Arm um meine Schultern, verstehend und warm. Bin ich zu klein und komme nicht dran, hebst du mich hoch und schon reich ich dran. Danke Vater!
E.DS.

7. JUNI

»Bringt den zehnten Teil eurer Erträge unverkürzt zu meinem Tempel, damit meine Priester nicht Hunger leiden. Habt keine Sorge, dass ihr dann selber in Not kommt! Stellt mich auf die Probe«, sagt der Herr, der Herrscher der Welt, »macht den Versuch, ob ich dann nicht die Fenster des Himmels öffne und euch mit Segen überschütte!«
Maleachi 3, 10 (GNB)

Es ist schon ein tolles Gefühl, wenn man jemanden etwas schenkt und der sich riesig darüber freut. Meistens schenken wir etwas von unserem Überfluss, kaufen es extra für einen Freund. Gott bittet uns, von dem zu geben, was wir uns eigentlich »verdient« haben. Hier sollten es die Priester bekommen, denn die hatten keine Möglichkeit, sich selbst etwas durch Landarbeit zu verdienen. Trotzdem war ihre Arbeit für Gott im Tempel sehr wertvoll. Wer einen Teil seines eigenen Geldes Gott gibt, der wird erleben, dass Gott ihn dafür beschenkt.
C.E.

8. JUNI

Johannes sah in einer Vision eine neue Welt: Hier wird Gott mitten unter den Menschen sein! Er wird bei ihnen wohnen und sie werden sein Volk sein. Er wird alle ihre Tränen trocknen, und der Tod wird keine Macht mehr haben.
Offenbarung 21, 3 – 4 (Auszüge) (HFA)

Solange wir auf der Erde leben, gibt es immer was zum Heulen. Jeden Tag werden viele Tränen vergossen, die meisten heimlich. Weswegen hast du zum letzten Mal geweint? Unvorstellbar, dass es in Gottes neuer Welt keine Tränen mehr gibt! Warum? Weil Gott selber da ist. Er nimmt alles Traurige weg, sogar den Tod. Es wird keinen einzigen Grund mehr geben, traurig zu sein.
J.F.

9. JUNI

Herr, du bist die Hoffnung Israels! Wer dich verlässt, der wird scheitern. Wer sich von dir abwendet, dessen Name vergeht so schnell wie ein Wort, das man in den Sand schreibt. Denn er hat dich verlassen, die Quelle mit frischem Wasser.
Jeremia 17, 13 (HFA)

Lieber Vater, bewahre unser Herz, dass wir dich nie verlassen und jemand anderem mehr vertrauen als dir. Du weißt, was wir brauchen und wonach wir uns sehnen und gibst es uns, wenn wir dich darum bitten. Ohne dich sind wir wie eine Pflanze ohne Wasser.
G.G.

10. JUNI

Herr, zeige mir, was deine Ordnungen für uns bedeuten! Ich will sie beachten, solange ich lebe. Gib mir Einsicht, damit ich mich an dein Gesetz halte und es entschieden befolge! Ich will mich nicht mit dem abgeben, was sinnlos und wertlos ist. Hilf mir dabei und schenke mir Freude, deinen Willen zu tun.
Psalm 119, 33 – 34. 37 (HFA)

Wer sich nicht die Zähne putzt, bekommt schmerzhafte Löcher in den Zähnen. Wer sich nicht an die Straßenverkehrsordnung hält, kann in einem

Unfall schweren Schaden erleiden oder verursachen. Gottes Ordnungen sind die Gebrauchsanweisung für unser Leben. Er weiß am besten, was gut und wichtig für uns ist. Wer sich nach Gottes Willen richtet, kann zuversichtlich und fröhlich leben.
A.H.

11. JUNI

Jesus sagte zu seinen Jüngern: »Wenn euer Glaube nur so groß wäre wie ein Senfkorn, könntet ihr zu diesem Berg sagen: ›Rücke von hier dorthin!‹ und es würde geschehen. Nichts würde euch unmöglich sein!
Matthäus 17, 20 (HFA)

> Du kannst viel mehr, viel mehr tun,
> viel mehr tun als wir erbitten.
> Riesengroß ist deine Kraft,
> Gott selber lebt in uns.
> Riesengroß ist deine Kraft,
> dein Geist treibt uns voran.
> Riesengroß ist deine Kraft!

(Daniel Kallauch aus CD »Hurra für Jesus 8« © cap!-music, 72213 Altensteig)

12. JUNI

Wer das Urteil der Menschen fürchtet, gerät in Abhängigkeit; wer dem Herrn vertraut, ist gelassen und sicher.
Sprüche 29, 25 (HFA)

Lass dich nicht von Menschen einschüchtern! Mach dich nicht abhängig von dem, was andere über dich sagen. Wer sich fest auf Gott verlässt, der kann sogar auch mal gegen den Strom schwimmen. Gott ist an deiner Seite.
K/B.H.

13. JUNI

Der Himmel verkündet es: Gott ist groß! Das Heer der Sterne bezeugt seine Schöpfermacht. Ein Tag sagt es dem andern, jede Nacht ruft es der nächsten zu.
Psalm 19, 2−3 (GNB)

Hast du schon einmal an einem sternenklaren Abend den Himmel beobachtet? Da leuchten die Sterne wie Millionen funkelnde Edelsteine. Wie groß muss Gott sein, der das alles erschaffen hat und erhält. Ich komme mir beim Anblick dieses Wunders immer ganz winzig vor. Und trotzdem kennt Gott mich und kümmert sich um mich!
B.K.

14. JUNI

Freuen dürfen sich alle, die unter dieser heillosen Welt leiden — Gott wird ihrem Leid für immer ein Ende machen.
Matthäus 5, 4 (GNB)

Gott, der Vater, ist auch traurig über die Not in der Welt. Er sucht Menschen, die mit seinen Augen sehen und bereit sind, anderen beizustehen.

Gebet: Herr, zeige mir heute eine Person, die in Not ist und die Hilfe braucht. Gib mir Mut, auf sie zuzugehen, ihr ein freundliches Wort, irgendeine Ermutigung oder gar praktische Hilfe zu geben. Ich will nicht nur an mich denken und will nicht meine Augen vor der Not der anderen verschließen.
S.L.

15. JUNI

Wer sich öffentlich zu mir bekennt, für den werde ich auch vor meinem Vater im Himmel eintreten. Wer aber vor den Menschen nicht zu mir steht, für den werde ich auch vor meinem Vater im Himmel nicht eintreten.
Matthäus 10, 32−33 (HFA)

Jesus ist kein Geheimnis, das irgendwo in der Erde vergraben wurde, damit es keiner finden soll. Jesus ist die »Post«, die jeden Menschen auf der ganzen Welt erreichen will. Und dabei sollen wir mithelfen. Jesus kann uns nicht gebrauchen, wenn wir immer schön leise und unauffällig sind.

Er möchte, dass wir seine Freude mit den andern Menschen teilen. Das Angebot von Jesus lautet: Du hältst zu mir – dann halte ich zu dir.
E.M.

16. JUNI

Überall forderte Johannes die Leute auf: »Ändert euch von Grund auf! Kehrt um zu Gott, und lasst euch als Zeichen dafür taufen. Dann wird Gott eure Sünden vergeben!«
Lukas 3, 3 (HFA)

Vor 500 Jahren hat der Maler Matthias Grünewald ein Bild von Johannes dem Täufer gemalt. Johannes hat auf diesem Bild einen viel zu großen Zeigefinger. Mit dem Finger zeigt er auf Jesus. Grünewald hatte verstanden: das war die wichtigste Aufgabe, die Johannes hatte: auf Jesus zeigen und den Menschen sagen, auf was es wirklich ankommt: sein Leben ändern und zu Jesus gehören. (Vielleicht könnt ihr euch dieses Bild heute noch in einem Lexikon oder im Internet ansehen.)
A.K.

17. JUNI

Die Leute fragten Jesus: »Was sollen wir denn tun, damit Gott mit uns zufrieden ist?« Er erwiderte: »Nur eins erwartet Gott von euch: Ihr sollt an den glauben, den er gesandt hat.«
Johannes 6, 28 – 29 (HFA)

Jesus hatte viele Menschen durch Brot satt gemacht. Das war wunderbar! Die Leute fühlten sich für Gottes Wunder allerdings nicht gut genug. Nun machten sie sich Gedanken, ob sie alles richtig machen in Gottes Augen: Sie mogeln nicht, sind nicht gemein zueinander, nehmen auch keine fremden Dinge weg. Muss man vielleicht etwas Besonderes vorweisen, damit man würdig für Gott ist? Die Leute sind ganz schön überrascht, als Jesus sagt, er möchte ihre Freundschaft. Freunde geben sich Vertrauen, und das nennt man bei Jesus Glauben.
C.Sch.

18. JUNI

Jesus rief Simon und Andreas zu: »Kommt mit mir! Ich will euch zeigen, wie ihr Menschen für Gott gewinnen könnt.« Da ließen sie ihre Netze liegen und folgten ihm.
Matthäus 4, 19 – 20 (HFA)

> Ich will ihn nicht mit andrem teilen,
> ich sage nein, da bleib ich stur.
> Ich kenn nichts Größeres im Leben,
> ich will nur ihn, rund um die Uhr.
> Ich will nicht zur Seite weichen,
> auf keinen Fall, nicht eine Spur.
> Ich will ihn ganz, ich will ihn heute,
> ich will nur: Jesus pur!

(Daniel Kallauch aus CD »Hurra für Jesus 2« © cap!-music, 72213 Altensteig)

19. JUNI

Freuen dürfen sich alle, die Frieden stiften — Gott wird sie als seine Söhne und Töchter annehmen.
Matthäus 5, 9 (GNB)

Nach einem Streit den ersten Schritt zur Versöhnung zu tun, ist echt schwierig. Vor allem, wenn der andere im Unrecht ist. Doch Jesus verspricht uns große Freude, wenn wir es trotzdem tun! Gibt es jemanden, dem du noch böse bist? Schaffe du Frieden! Sprich du das erste Wort! Du bist Gottes Kind, in ihm geborgen, von ihm geliebt: du kannst es — Gott hilft dir!
H/B.M.

20. JUNI

Ein guter Baum trägt keine schlechten Früchte und ein schlechter Baum keine guten. Also wird ein guter Mensch Gutes tun, eben weil er gut ist. Aber ein böser Mensch wird schlecht handeln, weil seine Absichten und Gedanken böse sind. So wie unser Wesen ist — gut oder böse — so werden wir reden und handeln.
Lukas 6, 43 – 45 (HFA)

Gebet: Lieber Vater! Ich möchte Gutes tun. Ich will freundlich und liebevoll mit meinen Geschwistern, Klassenkameraden und Freunden umgehen. Aber

ehrlich gesagt: Manchmal klappt das nicht so. Bitte verändere mein Herz, dass ich immer mehr Gutes tun kann. Danke, dass du mir dabei hilfst.
M.Mb.

21. JUNI

Setze alles daran, dass dir nichts wichtiger wird als Gott, dass du an ihn glaubst und deine Mitmenschen von ganzem Herzen liebst. Begegne ihnen mit Geduld und Barmherzigkeit.
1. Timotheus 6, 11 b (HFA)

Also, Herr, dich lieben, okay, aber meine Mitmenschen, z. B. XY aus meiner Klasse, Frau Müller von nebenan... Geht dir das auch so? Aber Liebe zu Gott und Liebe zum Nächsten gehören untrennbar zusammen. Warum? Weil Jesus nachfolgen etwas ganz Konkretes und Praktisches ist. Deshalb müssen wir alles daran setzen, dass Gott die Nummer Eins unseres Lebens ist. Nur dann kann seine Liebe uns ganz erfüllen.
M.P.

22. JUNI

Freut euch, was auch immer geschieht! Lasst euch durch nichts vom Gebet abbringen! Dankt Gott in jeder Lage! Das ist es, was er von euch will und was er euch durch Jesus Christus möglich gemacht hat.
1. Thessalonicher 5, 16–18 (NGÜ)

Sich freuen in jeder Lage – was auch immer geschieht? Nicht aufhören, zu beten – sich nicht davon abbringen lassen? Sogar in jeder Lage danken? Es gibt Menschen, die das erlebt und gemacht haben. Dadurch hat Gott ihr Leben verändert. Selbst im Gefängnis bei Paulus. Probier es mal aus! Fang heute an, Gott zu danken und dich zu freuen, dass er mit dir ist.
U.Ra.

Tipp: Lest zusammen eine Biographie von einem Christen, der das praktiziert hat und der in der schwierigsten Situation ein dankbares Herz hatte. Solche Erzählungen vergisst man nicht so schnell. Vorschläge: »Glaube in schwerer Zeit« über Corrie ten Boom oder für ältere Kinder und Erwachsene »Der Kelch des Zorns« über Dietrich Bonhoeffer.

23. JUNI

Ein Sohn soll nicht für die Schuld seines Vaters zur Rechenschaft gezogen werden und ein Vater nicht für die Schuld seines Sohnes. Wer mir dient, kann vor mir bestehen, und wer mir den Rücken kehrt, wird seine Strafe bekommen.
Hesekiel 18, 20 (HFA)

Wir machen alle immer wieder Fehler. Oder gibt es jemand in deiner Familie, der ohne Fehler ist, der immer alles richtig macht und nur Gutes tut? Seid doch mal ehrlich! Kinder und Eltern, beide bauen ab und zu Mist. Gott muß uns darum alle erziehen. Er ist unser aller Vater. Er lobt uns und er bestraft uns und ist dabei total gerecht. Auf keinen Fall bestraft er Kinder für die Fehler ihrer Eltern. Und umgekehrt gilt das natürlich auch.
W.R.

24. JUNI

Ich werde das Schicksal meines Volkes wieder zum Guten wenden. Ich werde die Israeliten wieder in ihr Land einpflanzen, und niemand kann sie mehr herausreißen. Denn dieses Land habe ich, der Herr, ihnen gegeben. Mein Wort gilt!
Amos 9, 14 – 15 (HFA)

Was Gott verspricht, darauf können wir uns verlassen. Wir brauchen nicht verzweifeln, sondern können darauf vertrauen, dass Gott alles zum Guten wenden kann. Das Schicksal eines jeden Menschen und das Schicksal seines Volkes und der ganzen Welt liegt in seiner Hand. Seine Gedanken sind größer als unsere Vorstellungen.
L.R.

25. JUNI

Christus ist das Abbild seines Vaters; in ihm wird der unsichtbare Gott für uns sichtbar. Vor Beginn der Schöpfung war er da. Durch ihn ist alles erschaffen, was im Himmel und auf der Erde ist, alles Sichtbare und Unsichtbare.
Kolosser 1, 15 – 16 a (HFA)

Weil du in allem immer der Erste bist,
weil du mich noch immer, immer liebst,
weil du mir alle meine Schuld vergibst,
darum bete ich dich an: Jesus, ich bete dich an.

(Daniel Kallauch aus CD »Hurra für Jesus 9« © cap!-music, 72213 Altensteig)

26. JUNI

In der Nacht, in der unser Herr Jesus verraten wurde, nahm er das Brot, dankte Gott dafür, teilte es und sprach: »Das ist mein Leib, der für euch hingegeben wird. Denkt daran, sooft ihr dieses Brot esst.«

1. Korinther 11, 23 – 24 (HFA)

Wenn wir in der Gemeinde das Abendmahl feiern, dann werden wir daran erinnert, dass Jesus für uns gestorben ist: Das Brot ist sein Leib, der für uns so sehr gelitten hat; der Wein ist sein Blut, dass er vergießen musste, damit wir leben können. Wenn dann Brot und Wein von einem zum anderen weitergereicht werden, wird uns klar, dass jeder Christ immer wieder die Vergebung seiner Schuld nötig hat. Jesus ist dafür gestorben.
A.K.

27. JUNI

Gott sagt: »Wenn ihr mich sucht, werdet ihr mich finden. Ja, wenn ihr mich von ganzem Herzen sucht, will ich mich von euch finden lassen, das verspreche ich euch.«

Jeremia 29, 13 – 14 (HFA)

Wenn wir etwas verloren haben und es suchen müssen, dann überlegen wir zuerst einmal, wo wir überall gewesen sind. Dort werden wir dann vor allem nachschauen. Aber wo sollen wir nach Gott suchen? Man kann Gott doch gar nicht sehen! Trotzdem können wir ihn ganz planvoll suchen, denn obwohl wir ihn nicht sehen, redet er doch zu uns. Überall wo Gott redet, können wir ihn also auch finden – vor allen Dingen beim Lesen seines Wortes, der Bibel, aber auch an allen anderen Orten, wo von ihm und mit ihm geredet wird: Im Gottesdienst, im Hauskreis, in der Kinderkirche, in Freizeiten ... Gott freut sich, wenn wir ihn suchen und ihm begegnen wollen. Er verspricht: Diese Suche nach ihm wird nie erfolglos sein!
A.B.

28. JUNI

Wir gehören nicht zu denen, die zurückweichen und verlorengehen. Wir gehören zu denen, die am Glauben festhalten und das ewige Leben gewinnen.
Hebräer 10, 39 (HFA)

Wenn ich Jesus nachfolge, dann hat das Folgen. Mein Leben wird nicht unbedingt leichter, sondern ich brauche Mut, um auch gegen den Strom zu schwimmen. Aber ich habe einen Anker, ein festes Seil, das hält, auch wenn mein Leben hier auf der Erde zu Ende ist und ich sterben muss.
U.R.

29. JUNI

Gottes Wort ist die Kraft, die das Weltall zusammenhält.
Hebräer 1, 3 b (HFA)

Spiel: Die »Großen« in der Familie stellen sich gegenüber auf und halten sich an den Handgelenken fest. Der Kleinste lässt sich nun mit geschlossenen Augen rückwärts in die Arme fallen. Die Großen bewegen ihn nun langsam auf und ab. Die Arme der Eltern sind stark genug, dein Gewicht von 20 oder 35 kg zu tragen. Jetzt stelle dir mal vor, wie stark Gottes Kraft sein muss, wenn sie es schafft, alle Galaxien des Alls zu tragen! Und dieser Gott ist dein Freund... Das ist fantastisch!
C.Schn.

30. JUNI

Jesus sagte: »Lasst doch die Kinder zu mir kommen! Haltet sie nicht zurück! Denn für Menschen wie sie ist das Reich Gottes bestimmt. Wer nicht wie ein kleines Kind voller Vertrauen zu Gott kommt, dem bleibt das Reich Gottes verschlossen.« Dann nahm er die Kinder in seine Arme, legte ihnen die Hände auf und segnete sie.
Markus 10, 14 – 16 (HFA)

Ein zweijähriges Kind macht eine Blumenvase kaputt, kommt zu den Eltern mit einer Scherbe und blabbert »Da, da, da, da...«. So »blöd« können nur die Kleinen sein. Was man kaputt macht, muss man doch verstecken, wegwerfen, verheimlichen, aber doch nicht öffentlich machen! »Doch«, sagt Jesus, »lern doch von den Kindern und komm voll Vertrauen zu mir mit aller Freude und mit allem, was du kaputt gemacht hast. Ich bin doch für dein Versagen und deine Schuld zuständig! Ich mach alles wieder heil.«
A.B.

1. JULI

Gott sagte zu Samuel: »Für die Menschen ist wichtig, was sie mit den Augen wahrnehmen können; ich dagegen schaue jedem Menschen ins Herz.«
1. Samuel 16, 7 (HFA)

Oft interessieren uns nur die Menschen, die etwas Besonderes sind: die toll aussehen, sich elegant ausdrücken können, besonders sportlich oder erfolgreich sind. Der Rest ist fast egal. Dabei vergessen wir, wie der Mensch wirklich ist. Gott sieht den ganzen Menschen an – ihn interessiert unser Herz. Was für ein Herz könnte Gott gefallen?
R.S.

2. JULI

Der neue Bund mit dem Volk Israel soll ganz anders aussehen: Ich schreibe mein Gesetz in ihr Herz, es soll ihr ganzes Denken und Handeln bestimmen. Ich werde ihr Gott sein und sie werden mein Volk sein. Alle – vom Kleinsten bis zum Größten – werden erkennen, wer ich bin.
Jeremia 31, 33 + 34 b (HFA)

Das wäre doch schön, wenn Gottes Gebote unser ganzes Denken und Handeln bestimmen würden! Die Menschen wären viel glücklicher. Wenn wir uns dem Bund Gottes anschließen, ist das schon mal ein guter Anfang. Dabei ist es völlig egal, wie groß oder klein, wie schwach oder stark, wie geschickt oder ungeschickt, wie klug oder dusselig du bist. Wir gehören zusammen, wir gehören zu Gott.
M.Z.

3. JULI

Maria lobte Gott: »Von ganzem Herzen preise ich den Herrn. Ich bin glücklich über Gott, meinen Retter. Er hat mich — eine geringe und unbedeutende Frau — zu Großem berufen.«
Lukas 1, 46–48

Gerade hatte Maria erfahren, dass sie einen ganz besonderen Sohn zur Welt bringen wird, nämlich Jesus. Sie konnte es kaum fassen, dass Gott sie, eine ganz normale Frau dazu gebrauchen möchte. Gott hat auch einen Plan mit dir, er kann dich gebrauchen, egal wie wichtig oder unwichtig du dich fühlst.
D.Eh.

4. JULI

Gott hat durch Christus Frieden mit der Welt geschlossen, indem er den Menschen ihre Sünden nicht länger anrechnet, sondern sie vergibt. Gott hat uns dazu bestimmt, diese Botschaft von der Versöhnung öffentlich bekanntzugeben.
2. Korinther 5, 19 (HFA)

Wäre es nicht toll, wenn irgendein großes Wunder passieren würde und dann alle Menschen verstehen, dass es Gott gibt und Jesus für sie gestorben ist? Aber das hat Gott nicht vor! Er hat uns Christen dafür bestimmt, die Botschaft von Jesus weiterzugeben. Gott will mich und dich dafür gebrauchen.

Gebet: Lieber Herr Jesus, bitte hilf mir heute, ein guter Botschafter für dich zu sein!
A.L.

5. JULI

Jesus fragte seine Jünger: »Was meint ihr, wer ich bin?« Voller Überzeugung bekannte Petrus: »Du bist Christus, der von Gott gesandte Retter!«
Lukas 9, 20 (HFA)

> Nummer Eins, Nummer Eins, Nummer Eins, Nummer Eins,
> Jesus ist die Nummer Eins!
> Nummer Eins ist wichtig, Nummer Eins ist unschlagbar.
> Nummer Eins ist richtig, Nummer Eins ist wunderbar!

(Daniel Kallauch aus CD »Hurra für Jesus 2« © cap!-music, 72213 Altensteig)

6. JULI

Von allen Seiten umgibst du mich und hältst deine schützende Hand über mir. Dass du mich so genau kennst — unbegreiflich ist das, zu hoch, ein unergründliches Geheimnis!
Psalm 139, 5 – 6 (HFA)

Gott hat alles gemacht. Diese Erde, die Tiere und auch die Menschen. Weil er uns Menschen geschaffen hat, kennt er uns ganz genau und hat uns unglaublich lieb. Ein Zeichen seiner Liebe ist es, immer bei uns zu sein. Er ist über, neben und unter uns, einfach überall.
M.D.

7. JULI

Achtet den Sabbat als einen Tag, der mir geweiht ist. Er soll ein Feiertag für euch sein, auf den ihr euch freut. Entweiht ihn nicht durch eure Arbeit, durch Geschäfte oder leeres Geschwätz! Achtet ihn vielmehr als einen Tag, an dem ihr Zeit habt für mich, den Herrn.
Jesaja 58, 13 (Auszüge) (HFA)

Ist es nicht toll, dass am Sonntag schulfrei ist und nicht gearbeitet wird? Das hat Gott für uns so bestimmt! Er möchte, dass wir Zeit haben, in den Gottesdienst zu gehen, wo wir von ihm etwas lernen können, wo wir ihn mit unseren Gebeten und Liedern feiern und wo wir unsere Freunde treffen. Aber auch, dass wir etwas mit der Familie machen können oder einfach auch Zeit haben, abzuhängen. Gott ... das hast du super gemacht ... Danke!
V.D.

8. JULI

Macht euch keine Sorgen! Ihr dürft Gott um alles bitten. Sagt ihm, was euch fehlt, und dankt ihm!
Philipper 4, 6 (HFA)

Wenn das so einfach wäre! Kann man Sorgen einfach wegbeten? Eltern haben ja meistens viele Sorgen, oder? Schreibt drei davon auf und betet dafür. In einer Woche wird nachgeschaut, was daraus geworden ist.
    Feststehen wird auf jeden Fall: Sorgen, die man an Gott abgibt, sind nicht mehr genauso groß wie vorher.
J.F.

9. JULI

Wir wollen nicht nach rechts oder links schauen, sondern allein auf Jesus. Weil große Freude auf ihn wartete, erduldete Jesus den schmachvollen Tod am Kreuz. Jetzt hat er als Sieger den Platz an der rechten Seite Gottes eingenommen.
Hebräer 12, 2 (Auszüge) (HFA)

Jesus war seinem Vater gehorsam bis zum Tod am Kreuz und deshalb hat Gott ihn zum König über alles gemacht. Diesem König dürfen wir dienen und wir können uns jetzt schon auf das Leben in seinem Königreich freuen, das kein Ende haben wird. In Schwierigkeiten sollten wir nie vergessen: auf ihn vertrauen und durchhalten lohnt sich.
G.G.

10. JULI

Alles, was Gott geschaffen hat, ist gut; und nichts ist schlecht, was wir mit Dank gegen Gott genießen.
1. Timotheus 4, 4 (HFA)

Ich sehe was, was du nicht siehst ... und das ist von Gott!
    Wenn du genau hinschaust, wirst du entdecken, wie viel Gutes Gott dir schon geschenkt hat. Nimm dir einen Augenblick Zeit und denke darüber nach. Dann danke Gott und freu dich an den Gaben und am Geber.
A.H.

11. JULI

Der Herr bewahrt mich vor dem sicheren Tod und schenkt mir das Leben neu. Seine Liebe und Güte umgeben mich allezeit.
Psalm 103, 4 (HFA)

Darauf können wir uns verlassen: Gott hat uns ein neues Leben geschenkt, das nicht mehr in den sicheren Tod führt, sondern in das ewige Zusammensein mit ihm! Und da er uns liebt und ein gütiger Gott ist, können wir uns total darauf verlassen, dass er jeden Tag – auch heute – in jeder Sekunde bei uns ist.
B.J.

12. JULI

Freuen dürfen sich alle, die ein reines Herz haben, denn sie werden Gott sehen.
Matthäus 5, 9 (GNB)

Diesen schönen Satz hat Jesus einer großen Menge Menschen zugerufen. Er hat noch andere froh machende Dinge gesagt: freuen dürfen sich die Armen, die Unterdrückten, die Verfolgten ... Doch eines ist immer gleich: Freuen dürfen sich die, die alles von Gott erwarten. Die nicht denken, dass tolle Klamotten, coole Freunde, gute Noten, ein super Job oder eine sportliche Figur Gott beeindrucken können. Gott sieht unser Herz und er mag die um sich haben, die nichts lieber möchten, als ganz nah bei ihm zu sein.
C.E.

13. JULI

Nachdem ihr von der Herrschaft der Sünde wirklich frei geworden seid, könnt ihr jetzt Gott dienen.
Römer 6, 18 (HFA)

> Ich bin frei, ich bin frei von Schuld,
> ich kann leben, wie es Gott gefällt.
> Jesus hat meine Schuld genommen,
> hat sie selbst zum Kreuz getragen.
> Als ein Kind darf ich zu ihm kommen
> und durch seine Wunden bin ich geheilt.

(Daniel Kallauch aus CD »Hurra für Jesus 9« © cap!-music, 72213 Altensteig)

14. JULI

Jesus sagte: »Wer mir nachfolgen will, der darf nicht mehr an sich selbst denken, sondern muss sein Kreuz willig auf sich nehmen und mir nachfolgen. Wer sein Leben um jeden Preis erhalten will, der wird es verlieren. Wer aber sein Leben für mich einsetzt, der wird es für immer gewinnen.«
Markus 8, 34–35 (HFA)

Jesus ist hier ganz radikal. Bei ihm gibt es nur ganz oder gar nicht. Wer ihm nachfolgen will, der soll seine eigenen Ideen und Ziele erst mal vergessen. Jesus verspricht uns allerdings den Hauptgewinn: Wenn wir unser Leben für ihn einsetzen, wird es das beste aller Leben sein, das wir leben können.
A.K.

15. JULI

Freuen dürfen sich alle, die im Herzen rein sind – sie werden Gott sehen.
Matthäus 5, 8 (GNB)

Stell dir einmal vor, du hast mit deiner Mama dein Zimmer tipp topp geputzt. Die alten Socken sind in der Wäsche und die Coladosen sind im Müll. Wie fühlst du dich dann in deinem Zimmer?

Wenn unser Herz rein ist, wenn Streit, Lüge, Ungehorsam und Bitterkeit vergeben sind, dann gleicht unser Herz einem frisch geputzten Zimmer und Gott fühlt sich so richtig wohl in unserem Leben.
B.M.

16. JULI

Jesus trat vor die Menge und rief: »Wer Durst hat, soll zu mir kommen und trinken! Wenn jemand an mich glaubt, werden aus seinem Inneren, wie es in der Schrift heißt, Ströme von lebendigem Wasser fließen.« Er sagte das im Hinblick auf den Heiligen Geist, den die empfangen sollten, die an Jesus glaubten.
Johannes 7, 37–39 (NGÜ)

Ein frisch ausgepresstes gekühltes Getränk für durstige Leute an heißen Tagen! Na, ist das nicht eine starke Sache? Klar, jeder nimmt das geniale Angebot an! In unserem Bibelvers sollen sich alle melden, die »Jesus-Durst« haben. An Jesus zu glauben – das bedeutet, das Wasser des Lebens zu trinken.
C.Sch.

17. Juli
Wenn jemand zu Christus gehört, dann ist er ein neuer Mensch. Was vorher war, ist vergangen, etwas Neues hat begonnen. All dies verdanken wir Gott, der durch Christus mit uns Frieden geschlossen hat.
2. Korinther 5, 17 – 18 a (HFA)

Wenn man in eine neue Wohnung zieht, ist das ein tolles Gefühl: die Wände sind frisch gestrichen, noch kein Nagel ist schief eingeschlagen, man kann ganz neu anfangen, alles soll ab jetzt ordentlich sein. Nach einigen Wochen ist das Gefühl weg und man spürt: ich habe mich beim Umzug ja selber mitgenommen! Wenn man sein Leben Christus gibt, ist es ähnlich. Nur, dass er uns wirklich hilft, unser Leben umzugestalten. In seinen Augen sind wir jetzt neu!
A.K.

18. JULI
Kommt, wir wollen Gott anbeten und uns vor ihm beugen; laßt uns niederknien vor dem Herrn, unserem Schöpfer! Denn er ist unser Gott, und wir sind sein Volk.
Psalm 95, 6 – 7 a (HFA)

> Du bist der Herr, du und kein anderer.
> Du hast den Himmel gemacht, Tag und Nacht dir ausgedacht.
> Du bist der Herr, du und kein anderer.
> Du hast mir Leben geschenkt.
> Du bist Gott, der alles lenkt.
> Und darum bete ich dich an, du bist mein Schöpfer,
> alles Gute kommt von dir.
> Voller Liebe hast du mich geschaffen,
> neues Leben bist du mir.

(Daniel Kallauch aus CD »Hurra für Jesus 8« © cap!-music, 72213 Altensteig)

19. JULI

Freue dich über den Herrn; er wird dir alles geben, was du dir von Herzen wünschst. Vertraue dich dem Herrn an und sorge dich nicht um deine Zukunft! Überlass sie Gott, er wird es richtig machen.
Psalm 37, 4 – 5 (HFA)

Ich freue mich am Morgen über ein duftendes Brötchen, ich freue mich über den Sonnenschein und abends freue ich mich auf mein Bett. Aber freue ich mich über Gott, den Herrn? Er ist am Morgen für mich da, er begleitet mit auf meinen Wegen wie ein guter Freund. Und abends, wenn ich müde bin, dann wacht er über meinen Schlaf. Er weiß sogar, was mir morgen und übermorgen begegnet. Es lohnt sich, ihm zu vertrauen.
B.K.

20. JULI

Der Herr steht allen bei, die allein ihm vertrauen. Auf der ganzen Welt sucht er nach solchen Menschen.
2. Chronik 16, 9 a (HFA)

Ob Gott dich findet, wenn er auf der Welt nach Menschen sucht, die ihm allein vertrauen?
    Hast du schon mal in einer bestimmten Sache dein Vertrauen total auf Gott gesetzt? Wie hast du seine Hilfe oder seinen Beistand erlebt? Erzählt in eurer Familie davon!
S.L.

21. JULI

Gott steht über aller Zeit. Was für uns ein Tag ist, das ist für Gott wie tausend Jahre; und was für uns tausend Jahre sind, das ist für ihn wie ein Tag.
2. Petrus 3, 8 (HFA)

Gebet: Lieber Vater im Himmel! Du bist so weit und doch ganz nah bei uns, du warst schon vor uns da und wirst auch nach uns noch da sein. Wir können das gar nicht erklären, aber wir sind ganz geborgen, weil du uns umgibst. Unsere Uhren laufen ganz anders als deine große Uhr. Wir sind gespannt, wie das im Himmel einmal sein wird.
E.M.

22. JULI

Herr, schenke uns deine Liebe jeden Morgen neu! Dann können wir singen und uns freuen, solange wir leben!
Psalm 90, 14 (HFA)

Hast du dich schon mal genüsslich in ein warmes, duftendes Schaumbad gelegt? Ich stelle mir gerade Gottes Liebe so vor. Er ist um mich, wärmt mich, hält mich geborgen, tut mir wohl. Und dann beginnst du vielleicht im Bad vor lauter Entspanntheit zu singen – laut oder leise, richtig oder falsch – ist doch egal!

Auch wer sich in Gottes Liebe badet, wird voller Freude singen! Singt doch gemeinsam jetzt gleich ein Lied für Gott!
H/B.M.

23. JULI

Beachte den Tag der Ruhe! Halte ihn frei von Arbeit, wie es dir der Herr, dein Gott befohlen hat. Sechs Tage in der Woche hast du Zeit um deine Arbeit zu tun. Der siebte Tag aber soll ein Ruhetag sein, der dem Herrn, deinem Gott gehört.
5. Mose 5, 12–14 (HFA)

Wie ein Auto Benzin braucht, wenn der Tank leer ist, so brauchen auch wir Zeiten, in denen wir auftanken. Ausruhen, entspannen und sich neu von Gottes Liebe und Kraft füllen lassen. Deshalb hat Gott uns so einen Tankstellen-Tag geschenkt. Echt super von ihm, oder?
M.Mb.

24. JULI

Hört auf die Leiter eurer Gemeinden und folgt ihrem Rat. Sie müssen einmal Rechenschaft über euch ablegen, denn sie sind für euch verantwortlich. Macht ihnen das nicht zu schwer; sie sollen doch ihre Aufgabe mit Freude tun und nicht als eine bedrückende Last empfinden.
Hebräer 13, 17 (HFA)

Eigentlich macht jeder lieber das, was er selbst will. Wir sind doch freie und unabhängige Menschen. Warum andere um Rat fragen? Vielleicht würden die uns ja warnen, abraten, uns in Frage stellen. Schade, wenn wir so denken. Dass Jesus uns die Gemeinde als Familie schenkt, die uns raten, ermutigen, korrigieren kann, ist eine tolle Chance. Nutze sie!
M.P.

25. Juli

Gottes Wort ist lebendig und voller Kraft. Das schärfste beidseitig geschliffene Schwert ist nicht so scharf wie dieses Wort.
Hebräer 4, 12 a (NGÜ)

Wenn du dich schon mal mit einem richtig scharfen Messer geschnitten hast, dann kannst du dir vorstellen, wie gefährlich und wahnsinnig scharf ein sehr gutes Schwert ist. Du kannst dir auch vorstellen, dass man damit einiges kaputt schneiden kann. Gottes Wort ist schärfer als ein solches Schwert und erst recht als das Messer, mit dem du dir in den Finger geschnitten hast. Wenn Gott etwas sagt, dann geschieht es. Er sagte: »Es werde Licht.« Und zack – war es da. Gott spricht auch heute noch. Hast du es schon mal gehört und gesehen was dadurch geschah?
U.Ra.

26. JULI

Wenn du während des Gottesdienstes ein Opfer bringen willst und dir fällt plötzlich ein, dass dein Bruder etwas gegen dich hat, dann lass dein Opfer liegen, geh zu deinem Bruder und versöhne dich mit ihm. Erst danach bringe Gott dein Opfer.
Matthäus 5, 23 – 24 (HFA)

Wenn wir Gott eine Freude machen wollen, denken wir vielleicht zuerst an das, was wir ihm geben möchten, zum Beispiel an unsere Aufgabe in der Gemeinde. Aber für Gott ist eins noch wichtiger. Zuerst kommt immer, dass wir keinen Streit mehr haben. Wenn wir uns gezankt haben und böse miteinander sind, dann ist es das Schönste für ihn, wenn wir uns wieder vertragen. Zum Zeichen, dass der Streit wirklich zu Ende ist, sollten wir uns umarmen. Das sind Opfergeschenke, die Gott gefallen.
W.R.

27. JULI

Jona betete: Ich wusste es doch: Du bist ein gnädiger und barmherziger Gott. Deine Geduld ist groß, deine Liebe kennt kein Ende. Du lässt dich umstimmen und strafst dann doch nicht.
Jona 4, 2 b (HFA)

Gott ist ein Gott der neuen Chancen. Bei ihm sind wir nicht sofort »unten durch«, wenn wir Fehler machen. Gott lässt sich durchaus umstimmen, wenn Menschen echte Reue zeigen.
L.R.

28. JULI

Wer zu Jesus Christus gehört, wird der Verurteilung durch Gott entgehen; er wird leben.
Römer 8, 1 (HFA)

> Wer zu Jesus gehört, wer zu Jesus gehört,
> der braucht keine Schuld mehr haben.
> Wer zu Jesus gehört, wer zu Jesus gehört,
> der kann ihm seine Fehler sagen.
> Wer zu Jesus gehört,
> lebt nicht mehr von Gott getrennt,
> wer zu Jesus gehört,
> der ist Gottes Kind.

(Daniel Kallauch aus CD »Hurra für Jesus 8« © cap!-music, 72213 Altensteig)

29. JULI

Zwei Blinde folgten Jesus bis in das Haus, in dem er wohnte. Jesus fragte sie: »Glaubt ihr denn, dass ich euch helfen kann?« »Ja, Herr!« antworteten sie. Da berührte er ihre Augen und sagte: »Was ihr mir zutraut, das soll sich erfüllen.« Sofort konnten sie sehen.
Matthäus 9, 28–30 (HFA)

Dass Jesus in der Lage ist, Menschen zu helfen und zu heilen, das

glauben wir ziemlich leicht. Schließlich gibt es darüber viele Berichte. Aber dass Jesus auch dir und mir heute helfen kann und wird, glaubst du das? Genau diese Frage stellt Jesus den beiden Blinden. Er möchte wissen, ob sie ihm wirklich vertrauen. Dann kann er ihnen helfen.
A.K.

30. JULI

Wenn ihr zornig seid, dann macht es nicht noch schlimmer, indem ihr unversöhnlich bleibt. Lasst die Sonne nicht untergehen, ohne dass ihr euch vergeben habt. Gebt dem Teufel keine Chance, Unfrieden zu stiften.
Epheser 4, 26 – 27 (HFA)

Spiel: Nehmt eine Mineralwasserflasche und schüttelt sie einer nach dem anderen kräftig durch. Dabei muß jeder kurz sagen, worüber er sich zuletzt geärgert hat. Nach genau 60 Sekunden (Wecker stellen!) muß derjenige, der sie in den Händen hält, die Flasche öffnen... (Am besten auf dem Balkon oder über der Badewanne) Gott möchte nicht, dass wir unsere Wut in uns hineinfressen. Wenn wir das tun, werden wir irgendwann explodieren wie diese Flasche hier. Nutzt daher jede Gelegenheit, euch wieder zu vertragen und einander zu vergeben!
C.Schn.

31. JULI

Jeder soll dem anderen mit der Begabung dienen, die ihm Gott gegeben hat. Wenn ihr die vielen Gaben Gottes in dieser Weise gebraucht, verwaltet ihr sie richtig.
1. Petrus 4, 10 (HFA)

Mach, was du am besten kannst, das ist für alle gut, mach, was du am liebsten tust, auch wenn's nicht jeder tut.

Du hast von Gott ganz tolle Begabungen bekommen. Es gibt Dinge, die nur du so machen kannst. Freu dich darüber und versteck dich nicht aus Bequemlichkeit, Feigheit, oder falscher Bescheidenheit. Gott braucht dich in der Gemeinde, in der Schule und überall, um sein Reich zu bauen.
U.R.

1. AUGUST

Hanna war seit langer Zeit Witwe und eine alte Frau von vierundachtzig Jahren. Hanna verließ den Tempel nur noch selten. Um Gott zu dienen, betete und fastete sie Tag und Nacht.
Lukas 2, 37 (HFA)

So ein Leben, wie Hanna es führte, das hört sich aber schwierig an. Aber Hanna war ja immer im Gespräch (auch das bedeutet Gebet) mit Gott und konnte ihn alles fragen. Menschen, die Gott nahe sein wollten, haben immer wieder gefastet, um Gottes Stimme besser hören zu können. Habt ihr das auch schon einmal versucht?
R.G.

2. AUGUST

Ehre deinen Vater und deine Mutter! Das befehle ich, der Herr, dein Gott. Dann wird es dir gutgehen, und du wirst lange leben in dem Land, das ich dir gebe.
5. Mose 5, 16 (HFA)

Das ist nicht schwer: jemanden ehren, der etwas Bestimmtes ganz besonders gut kann. Unsere Eltern kann kein Mensch auf der Welt darin übertreffen, uns lieb zu haben – darin sind sie Weltmeister! Wir dürfen ihnen vertrauen, dass sie sich bemühen, das Beste für uns zu tun, auch wenn wir nicht immer alles verstehen und uns sogar manchmal ärgern, wenn sie etwas verbieten. Was sie uns heute an Liebe und Fürsorge schenken, dürfen wir ihnen jeden Tag gern zurückgeben; auch dann, wenn sie eines Tages alt werden und auf unsere Hilfe angewiesen sind.
S.K.

3. AUGUST

Als David Baumaterial für den Tempel gesammelt hatte, betete er: »Alles kommt von dir, und dir wollen wir es nun wieder geben. Ich weiß, mein Gott, dass du unser Herz kennst und dich freust, wenn wir aufrichtig sind. Was ich für den Bau des Tempels gegeben habe, das habe ich gern und mit aufrichtigem Herzen gegeben.«
1. Chronik 29, 16–17 (HFA)

Gebet: Gott, wir danken dir für den Reichtum in unserem Land und die Fähigkeiten, die du jedem von uns gegeben hast. Wir wollen ehrlich und verantwortungsvoll damit umgehen und etwas von dem, was wir haben, der Gemeinde und deinem Reich zurückgeben.
R.S.

4. AUGUST

Nehmt euch gegenseitig an, so wie ihr seid, denn auch Christus hat euch ohne Vorbehalte angenommen.
Römer 15, 7 (HFA)

Jesus Christus hat mich angenommen, so wie ich bin. Er liebt mich, ohne mir Vorwürfe zu machen. Darum möchte ich es heute mit seiner Hilfe wagen, meine Geschwister und Freunde ohne Vorbehalte oder Bedingungen anzunehmen.
D.Eh.

5. AUGUST

Was aus dem Inneren des Menschen kommt, seine Gedanken, Worte und Taten, die lassen ihn unrein werden. Das ist es auch, was die Menschen von Gott trennt.
Markus 7, 20+23 (HFA)

Mist – schon wieder ist so ein Wort herausgerutscht. Eigentlich wollte ich es gar nicht sagen. Aber der andere hat mich so geärgert – und dann kam es wie von allein. Das muss irgendwie in mir drin sein. Ist da in meinem Herz ein Misthaufen oder ein Mülleimer? Den will ich nicht. So muss nichts Stinkendes uns von Gott und von einander trennen.

Idee: Minimülleimer auf den Tisch stellen.

Gebet: Bitte Jesus, hilf mir, den Mülleimer zu leeren und den Misthaufen wegzuschaffen. Danke, dass du dabei noch besser bist als unsere Müllabfuhr.

R.R.

6. AUGUST

Eine tüchtige Frau ist das kostbarste Juwel, das einer finden kann. Ihr Mann kann sich auf sie verlassen, sie bewahrt und mehrt seinen Besitz. Ihr ganzes Leben lang macht sie ihm Freude und enttäuscht ihn nie.

Sprüche 31, 10 (HFA)

Stell dir mal vor, du hättest ganz tolle Juwelen und würdest sie nicht einmal beachten und dich darüber aufregen, dass du sie hast! Das wäre doch komisch, oder? In eurer Familie ist vielleicht auch so ein Juwel, nämlich die Mama. Viele Mütter (oder auch Väter) arbeiten in ihren Familien viele Stunden, ohne dafür Geld zu bekommen. Bei Gott ist diese Arbeit nicht umsonst. Alle Ideen, alle Kraft, alle Disziplin, alles, was wir zu Hause tun, gestaltet unser Leben. Wir können Gott damit dienen. Das ist nicht umsonst! Macht diesen Tag doch einfach zum »Muttertag«.

A.L./A.K.

7. AUGUST

Die Jünger aus Emmaus wurden mit den Worten begrüßt: »Der Herr ist auferstanden! Er ist tatsächlich auferstanden! Petrus hat ihn gesehen!«

Lukas 24, 34 (HFA)

> Der Tod hat seine Macht verlor'n.
> Wer ist der Sieger? Jesus!
> Jeder, der ihm glaubt, wird von neuem gebor'n.
> Wer ist der Sieger? Jesus!
> Leben ohne Ende, allezeit.
> Wer ist der Sieger? Jesus!
> Jeder, der ihm glaubt, wird von Todesangst befreit.
> Wer ist der Sieger? Jesus!

(Daniel Kallauch aus CD »Hurra für Jesus 8« © cap!-music, 72213 Altensteig)

8. August

Mose sagte zum Herrn: »Du hast gesagt, dass du mich ganz genau kennst und ich deine Gunst gefunden habe. Wenn du nun wirklich mit mir bist, dann lass mich deine Pläne erkennen! Ich möchte dich besser verstehen und weiter deine Hilfe erfahren.«
2. Mose 33, 12–13 (HFA)

Gott will dich gebrauchen – zum Beispiel heute. Öffne deine Augen, deine Ohren und dein Herz. Frage Gott, was er heute mit dir vorhat. Wer könnte heute deine Hilfe gebrauchen? Freunde, Eltern, Mitschüler, Arbeitskollegen?

Frage Gott aber auch immer wieder, was er mit deinem Leben vorhat. Vielleicht möchte Gott bestimmte Gaben und Fertigkeiten in dir entwickeln, die er in seinem Reich braucht? Vielleicht hat eure Familie zusammen aber auch einen bestimmten Auftrag. Bitte wie Mose: »Ich möchte dich besser verstehen und deine Hilfe erfahren!«
M.D.

9. AUGUST

Macht euch also keine Sorgen! Fragt nicht: Was sollen wir essen? Was sollen wir trinken? Was sollen wir anziehen? Denn um diese Dinge geht es den Heiden, die Gott nicht kennen. Euer Vater im Himmel aber weiß, dass ihr das alles braucht.
Matthäus 6, 31–32 (NGÜ)

Wir sollen uns keine Gedanken machen, was wir essen und trinken. Das ist hier in Europa ja nicht so das Problem. Verhungern und verdursten werden wir schon nicht so schnell, aber wie sieht das aus mit dem Anziehen? Ist es nicht so, dass wir häufig mithalten wollen mit den Klamotten und den Marken, die andere anziehen und mit dem coolen Outfit der anderen? Wir machen uns zum Teil viele Gedanken darum und kämpfen mit unseren Eltern, um Sachen zu bekommen. Oder die Eltern sind schwer damit beschäftigt zu überlegen, was sie sich leisten können. Aber Gott sagt: »Macht euch darum keine Sorgen.« Wir wollen Anerkennung, aber das hängt nicht von Klamotten und Marken ab. Viel wichtiger ist doch, dass jemand zu dir hält, auch wenn du nicht ganz so trendy aussiehst. Und Gott wird sich auch um deine Anerkennung kümmern.
V.D.

10. AUGUST

Petrus sagte zu dem gelähmten Bettler: »Geld habe ich nicht. Aber was ich habe, das will ich dir geben. Im Namen Jesu Christi von Nazareth: Stehe auf und geh!«
Apostelgeschichte 3, 6 (HFA)

Das war ganz schön mutig von Petrus. Er befiehlt einem Gelähmten zu gehen – und es funktioniert auch noch: Er kann laufen! Das war aber auch ganz schön klug von Petrus. Er wußte, dass er mit leeren Versprechungen nicht weit kommen konnte. Und er wollte so gerne zeigen, an welchen einmaligen Gott er glaubte. Petrus protzte nicht rum, sondern erinnerte sich daran, dass Jesus sagte, dass seine Jünger einmal noch größere Wunder als er tun würden. Gott hat durch Petrus das Unmögliche getan, weil Petrus alles von Gott erwartet hat.
C.E.

11. AUGUST

Weil ihr von Gott auserwählt und seine geliebten Kinder seid, die zu ihm gehören, sollt ihr euch untereinander auch herzlich lieben in Barmherzigkeit, Güte, Demut, Nachsicht und Geduld. Streitet nicht miteinander, und seid bereit, einander zu vergeben, selbst wenn ihr glaubt, im Recht zu sein.
Kolosser 3, 12–13 (HFA)

Woran erkennt man die Kinder Gottes? Am Kreuz um den Hals? Oder am Fisch auf dem Auto? Falsch! Christen erkennt man daran, wie sie miteinander umgehen. Eigenschaften wie Streit, Rechthaberei und Unversöhnlichkeit zeigen, dass Jesus da noch viel verändern kann. Die Kennzeichen von Liebe sehen anders aus. Welche waren das noch mal?
J.F.

12. AUGUST

Unser Vater im Himmel! Dein Name werde geheiligt, dein Reich komme, dein Wille geschehe auf der Erde, wie er im Himmel geschieht.
Matthäus 6, 9 – 10 (NGÜ)

> Wir woll'n mehr (wir woll'n mehr)
> von Jesus in unserm Leben sehn.
> Wir woll'n mehr (wir woll'n mehr)
> und darum bleiben wir nicht stehn.
> Wir liegen Gott in den Ohren:
> Bitte begegne uns neu!
> Wir wollen deine Zeugen sein, ohne Angst und ohne Scheu.
> Vater, schenke uns Erweckung,
> erfülle uns mit deinem Geist.
> Lass uns tun, was Jesus tat,
> und bau mit uns dein Reich!

(Daniel Kallauch aus CD »Hurra für Jesus 2« © cap!-music, 72213 Altensteig)

13. AUGUST

Du sollst meinen Namen nicht missbrauchen, denn ich bin der Herr, dein Gott!
5. Mose 5, 11 (HFA)

Wie schnell gehen uns Worte über den Mund wie »Ach Gott, Jesses Maria ...« Gott ist allmächtig, groß und heilig. Er möchte nicht, dass wir unachtsam mit seinem Namen umgehen. Wir wollen seinen Namen bewusst in den Mund nehmen. Er hat es verdient, dass wir ihn ehren.
E.S.

14. AUGUST

Durch Jesus Christus, Gottes Sohn, haben wir Gemeinschaft mit Gott. Ja, Jesus Christus ist selbst der wahre Gott. Er ist das ewige Leben.
1. Johannes 5, 20 b (HFA)

Gebet: Herr Jesus, danke, dass du Gottes Sohn bist und dass ich durch dich ein Kind Gottes sein darf. Danke, dass ich durch dich jetzt schon sicher wissen darf, dass ich einmal bei dir im Himmel leben werde.
B.M.

15. AUGUST

Achte auf deine Gedanken und Gefühle, denn sie beeinflussen dein ganzes Leben! Verbreite keine Lügen, vermeide jede Art von Falschheit! Verliere nie dein Ziel aus den Augen, sondern geh geradlinig darauf zu.
Sprüche 4, 23 – 25 (HFA)

Gemeine Gedanken und hasserfüllte Gefühle können leicht zu gefährlichen Worten und schlimmen Taten werden. Zum Glück sind wir unseren Gefühlen nicht hilflos ausgeliefert. Wie können ihnen die Zügel anlegen, wie einem wilden Pferd. Wichtig ist, dass wir diese Gefühle rechtzeitig Gott sagen und ihn bitten, uns helfen.
A.K.

16. AUGUST

Der Sohn sagte sich: »Ich will mich aufmachen und zu meinem Vater gehen.« So machte er sich auf zu seinem Vater. Dieser sah ihn schon von weitem kommen; voller Mitleid rannte er ihm entgegen, fiel ihm um den Hals und küsste ihn.
Lukas 15, 18 a. 20 (NGÜ)

Lieber Vater, danke, dass du immer wieder auf uns wartest. Wenn wir uns verrannt und Fehler gemacht haben, bist du bereit, uns zu vergeben. Danke, dass wir deine Kinder bleiben. Du bist so gut zu uns. Laß uns das nie vergessen.
G.G.

17. AUGUST

Gott ist kein Mensch, der lügt. Er ist nicht wie einer von uns, der seine Versprechen bald wieder bereut. Was er sagt, das tut er und was er ankündigt, das führt er aus.
4. Mose 23, 19 (HFA)

Was Gott verspricht, das bricht er nicht! Wir können uns in jeder Lebenslage an ihn wenden. Auch wenn Menschen uns enttäuschen, wissen wir sicher, dass Gott uns niemals im Stich lässt. Wir dürfen Gott beim Wort nehmen und ihm vertrauen. Was Gott verspricht, das bricht er nicht!
A.H.

18. AUGUST

Das Gesetz des Herrn ist vollkommen, es macht glücklich und froh. Auf seine Gebote kann man sich verlassen. Sie machen auch den klug, der bisher gedankenlos in den Tag hineinlebte.
Psalm 19, 8 (HFA)

Gebet: Danke, lieber Vater, dass du uns Regeln für unser Leben gibst, die ewig gelten. Sie ändern sich nicht immer wieder wie die Gesetze der Menschen, sondern geben uns einen Maßstab, nach dem wir uns zu jeder Zeit richten können. Amen.
B.J.

19. AUGUST

Freuen dürfen sich alle, die danach hungern und dürsten, dass sich auf der Erde Gottes gerechter Wille durchsetzt – Gott wird ihren Hunger stillen.
Matthäus 5, 6 (GNB)

Hast du schon einmal überlegt, was der Wille Gottes für dein Leben ist? Das heißt, was Gott möchte, dass du für ihn tun sollst? Du könntest zum Beispiel fragen: Was würde Jesus jetzt tun? Wie würde er sich entscheiden? Wie würde er sich verhalten? Jesus verspricht denen viel Freude und Glück, die sich nach seinem Willen richten.
B.K.

20. AUGUST

Ich, der Herr, habe dich berufen, meine gerechten Pläne auszuführen. Ich fasse dich bei der Hand und helfe dir, ich beschütze dich.
Jesaja 42, 6 (HFA)

Ich bin sicher an der Hand des Vaters,
ich bin sicher an Gottes Hand.
Auch wenn es Dinge gibt, die ich nicht verstehen kann,
bin ich trotzdem ganz sicher und halte mich daran.
Ich bin sicher an der Hand des Vaters,
ich bin sicher an Gottes Hand.

(Daniel Kallauch aus CD »Hurra für Jesus 9«
© cap!-music, 72213 Altensteig)

21. AUGUST

Der König rief schon von weitem ängstlich: »Daniel, du Diener des lebendigen Gottes! Hat dein Gott, dem du unaufhörlich dienst, dich vor dem Löwen retten können?« Da hörte er Daniel antworten: »Lang lebe der König! Mein Gott hat seinen Engel gesandt. Er hat den Rachen des Löwen verschlossen, darum konnten sie mir nichts antun.«
Daniel 6, 21 – 23 a (HFA)

Fühlst du dich manchmal auch wie unter Löwen? Da gibt es vielleicht Menschen, die dich von Gott abbringen wollen und über Gott und deinen Glauben lachen. Was machst du dann? Sagst du dann: ich gehöre nicht zu Gott oder schweigst einfach?

Denke an Daniel. Er blieb seinem Gott treu. Er entschied sich, dem lebendigen Gott zu dienen und nicht auf den Spott der andern zu achten. Gott hat daraufhin seinen Engel gesandt und ihn in der größten Gefahr, mitten unter Löwen, bewahrt.
S.L.

22. AUGUST

Lass dich nicht vom Bösen besiegen, sondern besiege das Böse durch das Gute.
Römer 12, 21 (HFA)

Ärgerst du dich, wenn sich beim Einkaufen jemand vordrängelt? Und so tut, als wäre nichts dabei? Wenn dich welche auslachen, weil du etwas nicht gut kannst? Jesus hilft uns, an solchen Ungerechtigkeiten nicht hängen zu bleiben. Er macht uns stark, nach vorne zu schauen und uns zu freuen über die vielen guten Dinge, die wir mit ihm erlebt haben. Versuch heut mal zu lachen, wenn was daneben geht! Lass dich nicht vom Bösen unterkriegen.
E.M.

23. AUGUST

Nur bei Gott komme ich zur Ruhe; geduldig warte ich auf seine Hilfe. Nur er ist ein schützender Fels und eine sichere Burg. Er steht mir bei und niemand kann mir schaden.
Psalm 62, 2 – 3 (HFA)

Du hast heute einen Test in der Schule, ein entscheidendes Gespräch in der Firma, einfach einen anstrengenden Tag vor dir? Bei Gott kannst du »in

Deckung gehen«. Er wird dir den Rücken stärken, dir seine Liebe zusichern. Egal was kommt: Du bist Gottes geliebtes Kind!
H/B.M.

24. AUGUST

Die Soldaten packten Jesus und führten ihn aus Jerusalem hinaus. Sein Kreuz musste er selber tragen; vom Richtplatz bis nach Golgatha. Dort schlugen sie ihn ans Kreuz.
Johannes 19, 16 – 17 (HFA)

    Jesus, mir fehlen die Worte, wenn ich an deine Liebe denk.
    Jesus, mir fehlen die Worte, denn du hast dich für mich verschenkt.
    Jesus, man hat dich angespuckt. Jesus, man hat dich ausgelacht.
    Doch du hast die ganze Zeit dabei an mich gedacht.
(Daniel Kallauch aus CD »Hurra für Jesus 8« © cap!-music, 72213 Altensteig)

25. AUGUST

Sucht niemals Hilfe bei Totenbeschwörern und Wahrsagern, denn sonst seid ihr in meinen Augen unrein. Ich bin der Herr, euer Gott.
3. Mose 19, 31 (HFA)

Manche Leute sind sehr neugierig und ungeduldig. Sie möchten einen Weitblick wie Gott haben und alles wissen, was in ihrem Leben einmal geschehen wird. Das ist aber gar nicht gut, da bekommt man nur Angst. Deshalb hat Gott gesagt, wir sollen ihn fragen und keine Wahrsager oder Horoskope.

    Herr, du bist unser guter Gott! Du hast dir alles so sorgfältig für unser Leben überlegt und hast so viel Gutes für unsere Familie getan. Wenn ich alles erzählen wollte, käme ich nie an ein Ende.
C.Sch.

26. AUGUST

Der Herr, euer Gott ist in eurer Mitte; er ist stark und hilft euch!
Zephanja 3, 17 a (HFA)

Kennst du auch Situationen, in denen du denkst:»Wäre doch nur mein großer Bruder, mein starker Papa oder ein kräftiger, mutiger Freund bei mir!«?

    Gute Nachrichten: Auch wenn die menschliche Hilfe nicht immer da ist: Gott kann dir helfen. Niemand ist so stark wie er! Seine starke Hand ist nur ein Gebet weit entfernt.
M.Mb.

27. AUGUST

Gott sagte: »Solange die Erde besteht, soll es immer Saat und Ernte, Kälte und Hitze, Sommer und Winter, Tag und Nacht geben. Nie wieder werde ich durch eine Wasserflut die Erde und was auf ihr lebt vernichten. Der Regenbogen solle ein Zeichen für dieses Versprechen sein.«

1. Mose 8, 22; 9, 11–12 (HFA)

Diese Welt ist voller Kontraste. Kalt – heiß, Tag – Nacht, Sonne – Regen. Uns wäre es anders lieber. Nur Angenehmes, Warmes ... Doch nur wo Sonne **und** Regen ist, gibt es einen Regenbogen. Gottes Verheißung ist es, mit uns zu sein. Uns nicht vor allem zu bewahren oder aus der Welt heraus zu nehmen, sondern gerade mitten im Leben seine Hoffnung strahlen zu lassen – wie einen Regenbogen.

M.P.

28. AUGUST

Gott will, dass alle Menschen gerettet werden und dass sie die Wahrheit erkennen. Es gibt nämlich nur einen Gott, und es gibt auch nur einen Vermittler zwischen Gott und den Menschen – den, der selbst ein Mensch geworden ist, Jesus Christus.

1. Timotheus 2, 4–5 (NGÜ)

Jesus Christus. Dieser Name ist so oft ausgesprochen worden. In der englischen Sprache wird er oft einfach nur so gesagt, als ob man »Ach du liebe Güte« sagt. Aber wer einmal verstanden hat, wie wichtig Jesus ist, der weiß, dass wir nur durch Jesus Christus zu Gott kommen können. Wenn man das verstanden hat, dann versteht man auch, dass es eben nicht egal ist ob man zu Gott »Allah« sagt oder nicht. Denn es gibt nur einen Gott und das ist der Vater von Jesus Christus.

U.Ra.

29. AUGUST

Mose sagte zum Volk Israel: »Habt keine Angst! Verliert nicht den Mut! Ihr werdet erleben, wie der Herr euch heute rettet. Die Ägypter werden euch nie wieder bedrohen. Der Herr selbst wird für euch kämpfen, wartet ihr nur ruhig ab!«

1. Mose 14, 13–14 (HFA)

Wenn wir bei einem Wettkampf mitmachen und gewinnen wollen, müssen wir gut vorbereitet sein und kämpfen. Auch im normalen Leben kann es ein, dass wir kämpfen müssen. Aber Gott hilft uns gerne, wenn wir ihn darum bitten und ihm vertrauen. Dabei brauchen wir uns nicht einmal anstrengen. Er kämpft für uns und wir können in Ruhe zusehen, wie er für uns gewinnt.
W.R.

30. AUGUST

Zu dieser Botschaft bekenne ich mich offen und ohne mich zu schämen, denn das Evangelium ist die Kraft Gottes, die jedem, der glaubt, Rettung bringt.
Römer 1, 16 (NGÜ)

Wir schämen uns nicht, wir schämen uns nicht,
wir reden von Jesus.
Wir schämen uns nicht, wir reden unverschämt von Gott.
Un-verschämt, Gott liebt uns sehr!
Un-verschämt, seinen Sohn gab er.
Un-verschämt, er nahm uns an.
Un-verschämt sagen wir's jedermann.

(Daniel Kallauch aus CD »Hurra für Jesus 2« © cap!-music, 72213 Altensteig)

31. AUGUST

Die Hochmütigen und Stolzen werden niemals Gottes Barmherzigkeit erfahren. Seine Gnade gilt denen, die zum demütigen Gehorsam bereit sind.
1. Petrus 5, 5 (HFA)

Ich kannte mal einen Menschen, der alles besser konnte als ich. Selbst wenn ich ihm etwas schenkte oder etwas für ihn tat, war es nicht gut genug für ihn. Unsere Freundschaft dauerte nicht sehr lang! Kennst du solche Menschen auch? Stolze Menschen verpassen Gottes Liebe und Barmherzigkeit nicht etwa, weil Gott geizig oder gemein ist, sondern weil sie nie zufrieden mit ihm sind.

Gebet: Lieber Vater, ich danke dir für alles, was du mir gibst und für mich tust, auch wenn ich es nicht immer verstehe. Du weißt, was gut für mich ist und ich will dir vertrauen.
C.Schn.

1. SEPTEMBER

Die Liebe Gottes ist ausgegossen in unsre Herzen durch den Heiligen Geist, der uns gegeben ist.
Römer 5, 5 (LB)

Eine ungeheure Kraft, eine ungewöhnliche Stärke erfüllt mich. Ich bin froh. Ich sage »Danke, Gott, es ist schön, dass deine Liebe mich erfüllt.« Ein anderes Mal fühle ich mich so allein. Schlapp und niedergedrückt, mein Herz ist ganz schwer. Als ob alle gegen mich wären. Aber auch an so einem Tag erfüllt mich Gottes Liebe. Garantiert!
M.Z.

2. SEPTEMBER

Die Leute kamen, um Jesus zu hören und von ihren Krankheiten geheilt zu werden. Alle, die von bösen Geistern beherrscht waren, wurden befreit. Jeder versuchte, Jesus zu berühren; denn von ihm ging eine Kraft aus, die sie alle heilte.
Lukas 6, 18–19 (HFA)

Jesus hatte eine Macht, der keine Krankheit und keine böse Macht widerstehen konnte. Er war der beste Arzt für alle Krankheiten und Schmerzen, mit denen die Menschen zu ihm kamen. Er kam ja dazu auf die Erde, um zu helfen, zu heilen und zu retten. Jesus hat sich nicht verändert. Sind Menschen in eurer Familie oder im Freundeskreis krank? Bittet Jesus um sein Erbarmen. Er ist stark!
D.Eh.

3. SEPTEMBER

Als einige Schriftgelehrte Jesus in der Gesellschaft der Zöllner essen sahen, fragten sie seine Jünger: »Wie kann sich euer Jesus nur mit solchem Gesindel einlassen?« Als Jesus das hörte, sagte er ihnen: »Die Gesunden brauchen keinen Arzt, sondern die Kranken. Meine Aufgabe ist es, Sünder in die Gemeinschaft mit Gott zu rufen, und nicht solche, die Gott bereits kennen.«
Markus 2, 16–17 (HFA)

Die Zöllner hatten damals viele Leute betrogen, indem sie ihnen am Stadttor zu viel Zoll abknöpften. Jesus setzte sich gerade zu diesen Betrügern, weil er sie liebte. Er wollte, dass sie seinen Vater im Himmel kennenlernen und ihm vertrauen. Kennt ihr Menschen, die diesen Vater noch nicht kennen? Betet für sie und erzählt ihnen von eurem himmlischen Vater.
A.T.

4. SEPTEMBER

Wenn ihr (im Gottesdienst) zusammenkommt, hat jeder etwas beizutragen: Einige singen ein Loblied, andere legen Gottes Wort aus. Einige geben weiter, was Gott ihnen klar gemacht hat, andere beten in unbekannten Sprachen, die dann für alle ausgelegt werden. Wichtig ist, dass alles zum Aufbau der Gemeinde geschieht.
1. Korinther 14, 26 (HFA)

Wir machen ein kleines Spiel: Wir legen unsere Hände in der Mitte abwechselnd aufeinander und bauen so einen großen Turm. Achtung, festhalten, dass er nicht umfällt.

So soll Gottesdienst und Gemeinde sein. Jeder kann etwas dazu beitragen. Alle gehören dazu und alle sind wichtig. Und Achtung: aneinander festhalten, damit keiner herausfällt. Und auf die Kleinen und Zarten muss man wie bei dem Händeturm besonders achten.

Gebet: Danke, Jesus, dass ich Gaben habe und andere damit beschenken und aufbauen kann.
R.R.

5. SEPTEMBER

Das Gras verdorrt, die Blumen verwelken, aber das Wort unseres Gottes bleibt gültig für immer und ewig.
Jesaja 40, 8 (HFA)

Nichts hält ewig: Der Blumenstrauß, der letzte Woche auf dem Tisch stand, ist längst auf dem Kompost, das Fahrrad, das ich vor zwei Jahren bekommen habe, ist längst zu klein. Gott ist anders: Auf sein Wort kann ich mich immer verlassen. Das Wichtigste, was er mir sagt, ist: »Ich liebe dich.« Seine Liebe zu mir hört niemals auf. Dafür danke ich ihm.
S.K.

6. SEPTEMBER

Petrus sagte zu Jesus: »Herr, wenn du es wirklich bist, lass mich auf dem Wasser zu dir kommen.« »Komm her!« antwortete Jesus. Petrus stieg aus dem Boot und ging Jesus auf dem Wasser entgegen.
Matthäus 14, 28 – 29 (HFA)

>   Wir verlassen uns auf Jesus, wir verlassen uns auf Jesus,
>   wir verlassen uns auf Jesus und nicht mehr auf uns selbst.
>   Wir sind Gottes Kinder, wir sind Gottes Volk,
>   wir vertrauen seinem starken Wort.
>   Wir sind Gottes Kinder, wir sind Gottes Volk,
>   der Vater hat uns ausgewählt.

(Daniel Kallauch aus CD »Du bist der Held« © cap!-music, 72213 Altensteig)

7. SEPTEMBER

Die Jünger zogen los und forderten die Menschen auf: »Ändert euch von Grund auf! Kehrt um zu Gott!« Sie befreiten Menschen, die von bösen Geistern beherrscht waren und salbten viele Kranke mit Öl. Und die Kranken wurden gesund.
Markus 6, 12 – 13 (HFA)

Da wäre ich gerne dabei gewesen, als die Jünger unterwegs waren. Doch was hier beschrieben ist, können wir auch heute noch erleben. Wenn ich mich ändere und tue, was Gott gefällt, macht er mich heil und gesund an Körper, Seele und Geist.
M.M.

8. SEPTEMBER

Jesus sagt: »Kommt her zu mir, die ihr euch abmüht und unter eurer Last leidet! Ich werde euch Frieden geben.«
Matthäus 11, 28 (HFA)

Was macht dir Mühe, welche Lasten trägst du mit dir herum? Jesus lädt dich heute ein. Er sagt: »Komm her zu mir! Bring mir im Gebet deine Sorgen und Nöte. Ich will dir helfen. Ich bin bei dir. Ich lass dich nicht allein. In allem Schweren und Ungewissen gebe ich dir Frieden. Vertraue mir!«
E.S.

9. SEPTEMBER

Wenn ihr in ein Haus eintretet, dann segnet es und sagt: »Friede sei mit euch!« Nimmt man euch auf, so wird der Friede, den ihr bringt, in diesem Haus bleiben.
Matthäus 10, 12–13 a (HFA)

In Israel begrüßt man sich mit »Shalom«, das heißt Friede. Jesus sagt, dass wir auch Frieden wünschen sollen, wenn wir jemanden besuchen.

Gebet: Jesus, ich bitte dich, dass ich heute, in meiner Schulklasse, bei meinen Geschäftspartnern oder Patienten, bei meinen Freunden und in meiner Familie ein Friedensbringer sein kann. Hilf mir dazu durch deinen Heiligen Geist.
B.M.

10. SEPTEMBER

Johannes sah in einer Vision eine neue Welt: Hier wird Gott mitten unter den Menschen sein! Er wird bei ihnen wohnen und sie werden sein Volk sein. Er wird alle ihre Tränen trocknen, und der Tod wird keine Macht mehr haben.
Offenbarung 21, 3–4 (Auszüge) (HFA)

Hast du schon einmal erlebt, wie man sich fühlt, wenn die Oma, der Opa, ein Verwandter oder ein Freund gestorben ist? Gott zeigt uns, dass es im Himmel keinen Tod mehr geben wird. Auch alle Traurigkeit wird dann verschwunden sein. Aber kann Jesus uns nur trösten, wenn wir später bei ihm im Himmel sind? Nein! Gottes Geist ist jetzt gerade da, wo du auch bist. Bitte Gott um seinen Trost und er wird dieses Wunder tun!
E.DS.

11. SEPTEMBER

Jesus sagte zu seinen Jüngern: »Geht hinaus in die ganze Welt und ruft alle Menschen in meine Nachfolge! Tauft sie und führt sie hinein in die Gemeinschaft mit dem Vater, dem Sohn und dem Heiligen Geist! Lehrt sie, so zu leben, wie ich es euch aufgetragen habe.«
Matthäus 28, 19 – 20 a (HFA)

Kennt ihr Menschen, die Gott an besonderen Orten dienen? Vielleicht bei Menschen, die die Bibel noch nicht in ihrer eigenen Sprache haben? Oder in den Großstadtdschungeln in Südamerika oder Asien? Vielleicht kennt ihr auch jemanden, der solchen Menschen von Jesus erzählt, die ganz besondere Nöte haben: Drogenabhängigen oder Straßenkindern. Alle Menschen dieser Erde haben das Recht, Gottes Liebe kennen zu lernen.

Gebet: Lieber Gott, danke, dass ich dich kennen darf. Hilf mir, dass andere durch mich erfahren, was für ein liebender Gott du bist.
M.D.

Tipp: Schreibt heute noch einer Familie einen kurzen Ermutigungsbrief, die als Missionare Gott dienen. Sie werden sich freuen, dass ihr für sie betet.

12. SEPTEMBER

Kinder sind ein Geschenk des Herrn. Wer sie bekommt, wird damit reich belohnt.
Psalm 127, 3 (HFA)

Jedes Kind ist ein Geschenk,
das wir nicht erzwingen können.
Jedes Kind ist eine Blume,
vor der wir staunend stehn.
Jedes Kind ist ein Geschenk,
geheimnisvoll und schön.
Jedes Kind ist wertvoll,
jedes Kind ist ein Geschenk.

(Daniel Kallauch aus CD »Strahlemann und Stupsnase« © cap!-music, 72213 Altensteig)

13. SEPTEMBER

Singt dem Herrn, alle Bewohner der Erde! Verkündet jeden Tag: Gott ist ein Gott, der rettet! Erzählt den Völkern von seiner Hoheit! Macht den Menschen alle seine Wunder bekannt!

1. Chronik 16, 23 – 24 (HFA)

Was mich begeistert, erzähle ich anderen, ob sie`s interessiert oder nicht: Der letzte Kinofilm, das Super-Fußball-Finalspiel, die unerwartete Gehaltserhöhung. Nur beim Erzählen von Erlebnissen mit Gott tun wir uns unheimlich schwer. Warum eigentlich? Kinder haben da weniger Hemmungen. So wie der Dreijährige im Einkaufswagen bei ALDI, der lauthals singt: »Halleluja, Jesus ist so gut zu mir!«

J.F.

14. SEPTEMBER

Denkt doch einmal an die Spatzen! Zwei von ihnen kosten nicht mehr als einen Groschen, und doch fällt kein einziger Spatz auf die Erde, ohne dass euer Vater es zulässt. Und bei euch sind sogar die Haare auf dem Kopf alle gezählt. Seid darum ohne Furcht! Ihr seid mehr wert als eine noch so große Menge Spatzen.

Matthäus 10, 29 – 31 (NGÜ)

Steh mal ganz früh auf und achte auf das Gezwitscher der Vögel. Es ist erstaunlich, wie viele Vögel morgens singen. Wer versorgt sie? Gott sorgt für sie.

Für alle ist genügend Nahrung da. Wir Menschen liegen Gott noch viel mehr am Herzen als die Spatzen, Rotkehlchen und Blaumeisen. Er hat versprochen, für uns zu sorgen. Glaubst du, dass er das kann?

G.G.

15. SEPTEMBER

Wie ein Vater seine Kinder liebt, so liebt der Herr alle, die ihn ehren.

Psalm 103, 13 (HFA)

Neulich hat unser Sohn eine Videokassette weggeschmissen. Es handelte von Geistern, Gespenstern und anderen gruseligen Dingen. Mit den Worten »So etwas mag Gott überhaupt nicht!« beförderte er sie in die Mülltonne.

Dies ist eine Möglichkeit, Gott zu ehren. Wir können versuchen, Dinge in unserem Leben wegzulassen, die Gott nicht gefallen. Gott als dein liebender Vater verlangt dies nicht von uns, um uns zu ärgern, sondern weil er ganz genau weiß, was uns gut tut und was nicht.
K/B.H.

16. September

Jesus sagte: »Wie mich der Vater liebt, so liebe ich euch. Bleibt in meiner Liebe! Und so lautet mein Gebot: Ihr sollt einander so lieben, wie ich euch geliebt habe.«
Johannes 15, 9+12 (HFA)

Klingt gut, machen wir. Kein Problem. Moment mal. Wir sollen uns so lieben, wie Jesus uns geliebt hat? Was hat er denn aus Liebe getan? Er hat sich freiwillig klein gemacht, obwohl er der Größte war. Er hat sich auslachen lassen, obwohl er es nicht nötig gehabt hätte. Er hat schließlich sein Leben gegeben, obwohl er ohne Schuld war. Er will mir heute helfen, aus seiner Liebe zu leben.
D.K.

17. SEPTEMBER

Die Mitglieder des Gerichtshofes verboten Petrus und Johannes sehr nachdrücklich, noch einmal in der Öffentlichkeit von Jesus zu reden. Aber Petrus und Johannes antworteten nur: »Wollt ihr tatsächlich von uns verlangen, dass wir euch mehr gehorchen als Gott? Wir können unmöglich verschweigen, was wir gesehen und gehört haben.«
Apostelgeschichte 4, 18–20 (HFA)

Redeverbot! Das hört sich nicht gut an. Petrus und Johannes wollen jetzt das Evangelium erst recht weitersagen. Petrus will nie mehr sagen »Ich kenne Jesus nicht«, sondern überall rufen »Jesus, den kenne ich. Er ist der Herr!« Er hat ihn doch als Auferstandenen gesehen! Und wenn Gott mit den Jüngern ist, brauchen die beiden sich doch nicht fürchten.
  Gebet: Lieber Vater, du bist bei uns und wirst uns nicht allein lassen. Mach uns mutig für diesen Tag.
C.Sch.

18. SEPTEMBER

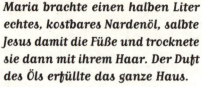

Maria brachte einen halben Liter echtes, kostbares Nardenöl, salbte Jesus damit die Füße und trocknete sie dann mit ihrem Haar. Der Duft des Öls erfüllte das ganze Haus.
Johannes 12, 3 (NGÜ)

Mein ganzes Herz gehört nur Jesus.
Mein ganzes Herz – nur Jesus allein.
Nichts ist mir wichtiger als er,
nichts ist mir wertvoller als er,
mein Herz gehört dem Herrn.
(Daniel Kallauch aus CD »Hurra für Jesus 2«
© cap!-music, 72213 Altensteig)

19. SEPTEMBER

Freuen dürfen sich alle, die nur noch von Gott etwas erwarten – mit Gott werden sie leben in seiner neuen Welt.
Matthäus 5, 3 (GNB)

Wer mit Gott lebt, der darf sich wirklich freuen! Wenn du nämlich begriffen hast, dass du total von Gott abhängig bist, dass du ihn wirklich brauchst und nicht ohne ihn leben kannst, dann wird dein Leben ein voller Erfolg!
B.J.

20. SEPTEMBER

Der Herr ist der ewige Gott. Er ist der Schöpfer der Erde – auch die entferntesten Länder hat er gemacht. Er wird weder müde noch kraftlos. Seine Weisheit ist unendlich tief.
Jesaja 40, 28 (HFA)

Gebet: Lieber Gott, manchmal bin ich müde und schlapp. Ich habe keine Lust und möchte mich am liebsten verkriechen. Kannst du das verstehen? Ich frage mich, wie du es schaffst, nie müde und kraftlos zu werden. Schenke mir bitte wieder Freude an meinem Alltag und hilf mir heute, meine Aufgaben zu erledigen.
B.K.

21. SEPTEMBER

Petrus und die anderen Apostel sagten vor dem Hohen Rat: »Man muss Gott mehr gehorchen als den Menschen!«
Apostelgeschichte 5, 29 (HFA)

Gibt es Menschen, die dich zu etwas verleiten wollen, von dem du genau weißt, dass es Gott nicht gefällt? Wie entscheidest du dich? Hast du den Mut, zu Gott zu stehen? Für Petrus und die andern Apostel war es auch nicht so einfach. Sie riskierten sogar ihr Leben, wenn sie sich öffentlich zu Jesus bekannten. Aber sie wussten, dass sie Gott mehr gehorchen mussten als den Menschen.
S.L.

22. SEPTEMBER

Sucht den Herrn, solange er sich finden lässt! Betet zu ihm, solange er euch nahe ist! Hast du dich gegen Gott aufgelehnt? Bist du eigene Wege gegangen und eigenen Plänen gefolgt? Dann hör auf damit.
Jesaja 55, 6 – 7 a (HFA)

Der Prophet Jesaja sagt das zu dem ganzen Volk Israel. Die Israeliten waren ziemlich störrisch und vergaßen vor allem ständig, wieviel Gutes ihm Gott schon geschenkt hatte. Und wenn mal etwas nicht ganz einfach war, haben sie geschimpft und versucht, mit eigener Kraft weiterzukommen.

Gebet: Lieber Herr, wir sind oft so ungeduldig und glauben nicht, dass du rechtzeitig handelst. Wir sind — wie dein Volk früher — oft eigenwillig und bockig. Schenk uns doch Geduld und das Vertrauen, dass du alles im Griff hast und zur rechten Zeit das Richtige tun wirst!
C.E.

23. SEPTEMBER

Orientiert euch an dem, was wahrhaftig, gut und gerecht, was anständig, liebenswert und schön ist. Wo immer ihr etwas Gutes entdeckt, das Lob verdient, darüber denkt nach.
Philipper 4, 8 (HFA)

Manche Leute können überall ein Haar in der Suppe entdecken. Egal, wie viel Mühe man sich gibt — sie finden noch einen Fehler oder etwas, was

man hätte besser machen können. Mit solchen negativen Zeitgenossen hat man es nicht leicht. Viel schöner ist es, mit Leuten zusammen zu sein, die einem ehrliche Komplimente machen, die ein Auge für alles Gute und Schöne haben. Die Bibel sagt uns hier, dass es auf unser Herz abfärbt, wenn wir bereit sind, das Positive und gut Gelungene zu sehen.
A.K.

24. SEPTEMBER

Schon als ich im Verborgenen Gestalt annahm, unsichtbar noch, kunstvoll gebildet im Leib meiner Mutter, da war ich dir dennoch nicht verborgen. Als ich gerade erst entstand, hast du mich schon gesehen.
Psalm 139, 15 – 16 a (HFA)

Noch bevor man dich recht wahrnimmt,
noch bevor dich jemand sieht,
machst du dich doch schon bemerkbar,
spürst es, ob man dich auch liebt.
Bist du endlich angekommen,
sehnst dich nach Geborgenheit,
wirst du freundlich aufgenommen,
kein Gefühl für Raum und Zeit.

(Daniel Kallauch: »Strahlemann und Stupsnase« © cap!-music, 72213 Altensteig)

25. SEPTEMBER

Seid nicht hartherzig gegenüber den Armen, die mit euch in dem Lande leben, das der Herr, euer Gott, euch schenkt. Sie sind eure Nachbarn und Landsleute! Verschließt euch nicht vor ihrer Not! Seid großzügig und leiht ihnen, soviel sie brauchen.
5. Mose 15, 7 – 8 (HFA)

Wir haben so viele Wünsche, und merken es oft gar nicht. Wir besitzen so viel, und sehen es gar nicht. Und dabei leben auch in unserem Land viele Menschen, die längst nicht so viel haben. Ich möchte dankbar für alles sein, was wir uns kaufen können und was wir unternehmen können.
E.M.

26. SEPTEMBER

Hört nie auf, zu bitten und zu beten! Gottes Heiliger Geist wird euch dabei leiten. Bleibt wach und bereit. Bittet Gott inständig für alle Christen in der Welt.
Epheser 6, 18 (HFA)

Herr, hilf du allen Christen, die wegen ihres Glaubens verfolgt werden. Schenke den Missionaren in aller Welt heute das rechte Wort. Wir bitten dich auch für die Leiter der christlichen Kirchen: stehe ihnen bei und fülle ihr Leben mit deiner Liebe! (Betet jetzt für euren Pfarrer, Pastor und andere Leiter in der Gemeinde.)
H/B.M.

27. SEPTEMBER

Josia wurde mit acht Jahren König und regierte 31 Jahre in Jerusalem. Er tat, was dem Herrn gefiel und folgte dem guten Beispiel seines Vorfahren David. Er ließ sich durch nichts davon abbringen.
1. Chronik 34, 1 – 2 (HFA)

Kürzlich feiert die Queen Elisabeth von England ihr 50. Thronjubiläum. Puh, bin ich froh, dass ich diese Verantwortung nicht habe. Oder Josia. Mit acht Jahren bestieg er den Thron. Nein, das wäre nichts für mich. Aber halt: Sind wir nicht auch Königskinder? Auch wir sollen dem guten Vorbild Davids folgen, nämlich: tun, was dem Herrn gefällt. Heute, hier, wo Gott mich hingestellt hat als sein Königskind.
M.P.

28. SEPTEMBER

Liebe Brüder! Ihr braucht nicht zu verzweifeln, wenn euer Glaube immer wieder hart auf die Probe gestellt wird. Im Gegenteil: Freut euch darüber! Denn durch solche Bewährungsproben wird euer Glaube fest und unerschütterlich.
Jakobus 1, 3 (HFA)

Stell dir vor, du gehörst zu einer Fußballmannschaft. Du liebst den Sport und gehst gerne zum Training. Aber euer Trainer lässt euch nie gegen andere Teams antreten, weil er fürchtet, ein Spiel zu verlieren. Würde dir

das gefallen? Bestimmt nicht, denn man trainiert, um zu spielen! In der Gemeinde Christ zu sein ist ziemlich einfach – ähnlich wie Training. Aber sein Christsein in Schule und Beruf zu leben, kann manchmal so aufregend und spannend wie ein WM-Endspiel sein. Doch schließlich trainiert man um zu spielen.
C.Schn.

29. SEPTEMBER

Ihr sollt einander eure Sünden bekennen und füreinander beten, damit ihr geheilt werdet. Denn das Gebet eines Menschen, der unbeirrt glaubt, hat große Kraft.
Jakobus 5, 16 (HFA)

Wenn Streitende einander verzeihen, können sie auch wieder gemeinsam und füreinander beten. Das kann eine starke Kraft haben. Wenn große und kleine Menschen voller Glauben beten und sich nicht von ihren Erfahrungen und denen anderer beirren lassen, können sie auch übernatürliche Heilungen erleben, die kein Arzt erklären kann. Gott hat dazu die Kraft. Wir können ihn nur immer wieder bitten und dann staunen.
D.K.

30. SEPTEMBER

Wer sollte dich, Herr, nicht anerkennen, und wer deinen Namen nicht rühmen und ehren? Nur du allein bist heilig! Alle Völker werden kommen und dich anbeten, denn alle werden deine Gerechtigkeit erkennen!
Offenbarung 15, 4 (HFA)

> Alle Menschen werden es tun,
> von Westen und Osten, von Süden und Norden.
> Alle Menschen werden niederknien,
> alle Menschen werden erkennen:
> Jetzt ist die Zeit, dass dich alle anbeten!
> Jesus ist Herr, und wir woll'n dich anbeten!

(Daniel Kallauch aus CD »Du bist der Held« © cap!-music, 72213 Altensteig)

1. OKTOBER

Jesus Christus ist und bleibt derselbe. Wie er gestern war, so ist er auch heute, und so wird er für immer und ewig bleiben.
Hebräer 13, 8 (HFA)

Vieles in deinem Leben ändert sich immer wieder: dein Aussehen, dein Geschmack, deine Meinung über Dinge. Man kann selbst Regeln und Gesetze ändern. Manche Veränderung ist nicht so gut. Da fühlen wir uns verunsichert und wundern uns, weshalb man sich zum Beispiel auf einen Menschen nicht mehr verlassen kann. Bei Jesus ist das anders, er verändert sich nie. Als er für uns starb, tat er das aus lauter Liebe für dich und mich: diese Liebe wird sich nie verändern, nie weniger werden. Als er nach seiner Himmelfahrt den Thron zur Rechten Gottes einnahm, wurde er der König aller Könige. Das ist er auch heute.
A.K.

2. OKTOBER

Tritt für die Leute ein, die sich selbst nicht verteidigen können! Schütze das Recht der Hilflosen! Sprich für sie und regiere gerecht! Hilf den Armen und Unterdrückten!
Sprüche 31, 8 – 9 (HFA)

Gibt es in unserer Nachbarschaft jemanden, der arm, einsam oder hilflos ist? Jemand, der von anderen Menschen nicht gerne besucht wird? Überlegt euch als Familie, was ihr für ihn Gutes tun könnt. Vielleicht ladet ihr ihn sogar zum Essen ein. Betet für diesen Menschen!
A.T.

3. OKTOBER

Gott ist der Herr der Zeit und bestimmt, was wann geschieht; er setzt Könige ab und überlässt anderen ihren Thron. Den Weisen schenkt er ihre Weisheit und den Verständigen ihren Verstand!
Daniel 2, 21 (HFA)

Daniel betete dieses Gebet, als er in einer lebensgefährlichen Situation war. Er dankt Gott dafür, dass alles, auch sein Leben, in Gottes Hand liegt. Daniel weiß, dass Gott bestimmt, wer gerade regiert oder wer der Präsident eines Landes ist. Er bestimmt, in welcher Familie du aufwächst, welche Geschwister du hast und welche Dinge in deinem Leben passieren. Wenn jemand besonders klug oder geschickt ist, dann hat er es nur Gott zu verdanken. Alle Chancen, die sich dir in deinem Leben bieten, hast du Gott zu verdanken. *Gebet:* Danke Gott, dass du alles richtig machst!
A.L.

4. OKTOBER

Jesus sagte zu Petrus: »Fürchte dich nicht! Du wirst jetzt keine Fische mehr fangen, sondern Menschen für mich gewinnen.« Petrus, Jakobus und Johannes brachten ihre Boote an Land, verließen alles und gingen mit Jesus.
Lukas 5, 10 – 11 (HFA)

Einigen Menschen hat Gott die Aufgabe gegeben, durch ihren Beruf vielen Menschen von ihm zu erzählen.

Das sind zum Beispiel Missionare, Pfarrer, Pastoren und so weiter. Dafür müssen sie häufig ihren Wohnort, ihre Freunde und manchmal auch ihr Heimatland verlassen. Betet für diese Leute und ihre Familien, dass sie Gottes Nähe in ihrer Einsamkeit erleben, dass sie Kraft haben, Neues anzupacken und dass Gott sie in gefährlichen Situationen bewahrt.
M.D.

5. OKTOBER

Die ersten Christen blieben ständig beisammen; sie ließen sich von den Aposteln unterweisen und teilten alles miteinander, feierten das Mahl des Herrn und beteten gemeinsam.
Apostelgeschichte 2, 42 (GNB)

Die Christen, von denen hier geschrieben wird, waren ein Herz und eine Seele – eben echte Freunde. Ich wünsche dir, dass du viele gute christliche Freunde hast, mit denen du viel Spaß hast und durch dick und dünn gehen kannst. Die Bibel sagt, dass die Menschen an unserer Liebe untereinander erkennen, dass wir zu Jesus gehören. Freundschaft mit Christen ist für einen Jesus-Jünger ganz wichtig. Mit ihnen verbindet uns mehr als ein Hobby oder bestimmte Ansichten. Wir gehören einfach zusammen.
V.D.

---

6. OKTOBER

Überlasst alle eure Sorgen Gott, denn er sorgt für euch.
1. Petrus 5, 7 (HFA)

Sorgen können einen Mensch »auffressen«. Wie wird es an der Arbeit, in der Schule, mit meinen Freunden? Komme ich mit meinem Geld aus, krieg' ich mal einen tollen Job ... Es gibt so vieles in unserem Leben, was uns Sorgen macht. Doch Sorgen lähmen. Statt sich an den vielen schönen Dingen, die Gott uns schenkt, zu freuen, überlegen wir ständig, was schief gehen kann. Gott möchte das nicht. Er will und wird für uns sorgen. Er hat alles total unter Kontrolle und sieht unsere Situation und Probleme. Wir dürfen unsere Sorgen ihm überlassen, der für uns sorgt.
C.E.

---

7. OKTOBER

Herr, mein Gott, wie mächtig bist du! Keiner ist dir gleich. Nach allem, was wir gehört haben, sind wir überzeugt: Es gibt keinen Gott außer dir.
2. Samuel 7, 22 (HFA)

Gibt es wirklich keinen anderen Gott? Da gibt es doch noch Gott Auto, Gott Fußball, Gott Wellness, Gott Geld – welche noch? Jemand hat mal gesagt: Woran du dein Herz hängst, das ist dein Gott.

Wer wie König David ins Staunen kommt über Gottes Liebe und Treue, der merkt sehr bald, wie wackelig die anderen Götter sind, wenn man sich wirklich auf sie verlassen will.

Lesetipp für Eltern: Davids Dankgebet, Vers 17–29.
J.F.

8. OKTOBER

Mein Leben lang gibt Gott mir Gutes im Überfluss, darum fühle ich mich jung und stark wie ein Adler. Der Herr hält Wort!
Psalm 103, 5 – 6 a (HFA)

Dein Leben besteht aus Tagen so wie heute, mit 24 Stunden oder 1440 Minuten. Stell dir vor, dieser Tag ist wie ein Korb, der von Gott mit Gutem gefüllt wird. Alles was er hineinfüllt, macht dich stark und froh, du kannst dich daran freuen, alles genießen und auch noch an andere verteilen.
A.H.

9. OKTOBER

Vergeßt nicht, wieviel Christus für unsere Sünden erlitten hat! Er, der frei von jeder Schuld war, starb für uns schuldige Menschen, und zwar ein für allemal. So hat er uns zu Gott geführt.
1. Petrus 3, 18 (HFA)

    Jesus, ich danke dir, dass du mich so liebst.
    Jesus, ich danke dir, dass du mir vergibst.
    Ich habe Schuld gehabt,
    du nahmst sie ganz auf dich.
    Du wurdest hart bestraft und nicht ich.
    Du gabst dein Leben für mich hin, starbst für mich.
    Jesus, ich liebe dich!
(Daniel Kallauch aus CD »Hurra für Jesus 2« © cap!-music, 72213 Altensteig)

10. OKTOBER

Gott hat Geduld mit euch und will nicht, dass auch nur einer von euch verloren geht. Jeder soll die Gelegenheit haben, vom falschen Weg umzukehren.
2. Petrus 3, 9 b (HFA)

Denkt an eine Person, die noch auf dem verkehrten Weg geht, für die ihr in der nächsten Zeit ganz konkret beten werdet, dass sie Jesus kennen lernt und sich für den Weg Gottes entscheidet.
    Ihr könnt den Namen auf ein rotes Papierherz schreiben, damit ihr immer wieder daran denkt, und diese Person mit der Liebe Gottes segnen.
B.M.

11. OKTOBER

Gott wird dich behüten wie eine Henne, die ihre Küken unter die Flügel nimmt. Seine Treue schützt dich wie ein starker Schild. Du brauchst keine Angst zu haben vor den Gefahren der Nacht.
Psalm 91, 4−5 a (HFA)

Der Schild einer Rüstung war für einen Ritter sehr wichtig, denn er schützte den ganzen Oberkörper mit den wichtigen Organen. Wenn ein Angriffschlag kam — zack — hielt der Ritter seinen Schild hoch, um in abzuwehren. Gottes Treue schützt unser Leben zuverlässig. Er hat angefangen, dich zu bewahren als du noch im Mutterleib warst. Wenn du heute schon ein erwachsener Mann bist, stehst du noch genauso unter seinem Schutz.
A.K.

12. OKTOBER

Wenn der Menschensohn in seiner ganzen Herrlichkeit, begleitet von allen Engeln, wiederkommt, dann wird er auf dem Thron Gottes sitzen. Alle Völker werden vor ihm erscheinen, und er wird die Menschen in zwei Gruppen teilen.
Matthäus 25, 31−32 (HFA)

Worauf kannst du dich verlassen?
Worauf kannst du dich schon freun?
Kaum zu glauben, nicht zu fassen,
doch du kannst völlig sicher sein:
Er kommt, er kommt, er kommt,
so hell und warm wie der Sonnenschein.
Er kommt, er kommt, er kommt,
sein Licht durchbricht die Dunkelheit.
Er kommt, er kommt, Leid ist vorbei.
Er kommt, er kommt,
keine Krankheit, kein Geschrei,
ja, Gottes Kinder sind dabei.
(Daniel Kallauch aus CD »Hurra für Jesus 6« © cap!-music, 72213 Altensteig)

13. OKTOBER

Herr, du machst die Finsternis um mich hell, du gibst mir strahlendes Licht. Mit dir kann ich die Feinde angreifen; mit dir, mein Gott, kann ich über Mauern springen.
Psalm 18, 29–30 (HFA)

Nur Mut! Sei ehrlich und erzähle Gott, was dich ängstigt und was dir Sorgen bereitet. Er kann und will dich immer trösten. Was du für völlig unmöglich hältst, will Gott vielleicht für dich tun.
K/B.H.

14. OKTOBER

Redet mit jedem Menschen freundlich, aber scheut euch nicht, die Wahrheit zu sagen. Dann werdet ihr schon für jeden die richtigen Worte finden.
Kolosser 4, 6 (HFA)

Gebet: Jesus, das möchte ich wirklich können! Bitte hilf mir doch, dass ich immer mutiger werde, die Wahrheit zu sagen und den Menschen von dir erzähle. Ich möchte dabei die richtigen Worte finden und den richtigen Ton treffen! So viele kennen dich noch nicht. Bitte hilf mir, ihnen deine Liebe zu zeigen! Amen.
B.J.

15. OKTOBER

Er gibt den Weisen ihre Weisheit und den Klugen ihren Verstand. Er enthüllt, was tief verborgen ist, er sieht, was im Dunkeln ist; doch ihn selbst umstrahlt reinstes Licht.
Daniel 2, 21 b – 22 (GNB)

Kennst du das? Da hast du für die Klassenarbeit ordentlich gelernt, aber wenn du in der Schule bei der Arbeit vor dem leeren Blatt sitzt, fällt dir nichts mehr ein. Bitte deinen himmlischen Vater darum, dass er dich ruhig macht und dir gute Gedanken schenkt. Er kann Licht in unser Dunkel bringen. Oder du verstehst dich selbst nicht, weißt nicht, warum dich bestimmte Dinge so quälen. Bitte Gott, Klarheit in deine Gedanken hineinzubringen.
B.K.

16. OKTOBER

Jesus sagte: Ich nenne euch nicht mehr Knechte; denn einem Knecht sagt der Herr nicht, was er vorhat. Ihr aber seid meine Freunde: denn ich habe euch alles gesagt, was ich vom Vater gehört habe.
Johannes 15, 15 (HFA)

Gebet: Danke, Jesus, dass du mich deinen Freund nennst. Du redest mit mir und stehst zu mir. Du sagst mir, was du vorhast und teilst mit mir deine Geheimnisse. Und auch ich darf dir alles sagen, was mich bewegt, Schönes und Ärgerliches. Ich kann alles mit dir teilen. Es ist einfach klasse, so einen Freund zu haben. Ich will auch an diesem Tag die Freundschaft mit dir pflegen.
S.L.

17. OKTOBER

Der Herr ist barmherzig und gnädig, groß ist seine Geduld und grenzenlos seine Liebe! Er beschuldigt uns nicht endlos und bleibt nicht immer zornig. Er bestraft uns nicht, wie wir es verdienen.
Psalm 103, 8–10 a (HFA)

Gebet: Himmlischer Vater ich danke dir, dass du gnädig und barmherzig bist, und dass deine Liebe so groß ist. Ich bitte dich um Vergebung für alle Lieblosigkeit gegenüber meinen Kindern oder Eltern, meinen Geschwistern oder meinem Ehepartner. Ich möchte gerne so lieben wie du. Danke, dass du soviel Geduld mit mir hast und ich nicht für mein Versagen bestraft werde, sondern dass du mir durch Jesus vergibst und mich veränderst.
G.M.

18. OKTOBER

Jesus sagte: »Eins ist sicher: Wer an mich glaubt, wird die gleichen Taten vollbringen wie ich, ja sogar noch größere; denn ich gehe zum Vater. Worum ihr in meinem Namen bitten werdet, das werde ich euch geben, damit durch die Taten des Sohnes die Herrlichkeit des Vaters sichtbar wird.«
Johannes 14, 12–13 (HFA)

> Tun, was noch keiner tat, sehn, was noch keiner sah,
> trotzdem beide Beine auf dem Boden.
> Tun, was noch keiner tat, sehn, was noch keiner sah,

offene Augen voll Vertraun.
Wir gehen weiter, weiter, weiter,
wir denken größer, größer, größer.
Unser Herz ist im Himmel bei dir.
Wir gehen weiter, weiter, weiter,
wir träumen größer, größer, größer.
Wenn du unsre Schritte lenkst,
dann kommen wir ans Ziel.

(Daniel Kallauch aus CD »Du bist der Held« © cap!-music, 72213 Altensteig)

19. OKTOBER

Gott spricht jeden von seiner Schuld frei und nimmt jeden an, der an Jesus Christus glaubt. Nur diese Gerechtigkeit lässt Gott gelten.
Römer 3, 22 (HFA)

Die Bibel spricht hier sehr klare Worte. Es gibt nur einen Weg, um zu Gott zu kommen: Jesus Christus! Wer das glaubt, der ist angekommen wie ein Schiff im sicheren Hafen. Er braucht sich nicht länger umzusehen, er hat den einzigen Weg gefunden, den es gibt.
H/B.M.

20. OKTOBER

Gott enthüllt die unergründlichsten Geheimnisse und weiß, was im Dunkeln verborgen ist, denn er selbst ist vom Licht umgeben.
Daniel 2, 22 (HFA)

Erinnere dich mal an das schwerste Rätsel, das dir je untergekommen ist. Dann frag deine Eltern nach einem großen Geheimnis, das selbst die klügsten Menschen der Erde bisher nicht lösen konnten (vielleicht fällt dir sogar selbst eins ein?). Und jetzt halt dich fest: Für Gott sind »Rätsel« und »Geheimnis« Fremdworte. Sie existieren für ihn praktisch gar nicht. Er weiß einfach alles und ihm entgeht nichts.

Von so einem Gott lass ich mich gerne durchs Leben führen, denn er weiß auch, was für mich am Besten ist.
M.Mb.

21. OKTOBER

Herr, unser Gott, sei freundlich zu uns! Laß unsere Arbeit nicht vergeblich sein! Ja, Herr, lass gelingen, was wir tun!

Psalm 90, 17 (GNB)

Weißt du, dass Gott ein Interesse an deiner Arbeit hat? Er möchte in deiner Klasse, in der Firma, Zuhause, bei der Arbeit überall dabei sein. Er möchte, dass wir unser Bestes geben – und ihn den Rest machen lassen. Das gibt unserem Tag Gelassenheit.

M.P.

22. OKTOBER

Vergesst nicht, Gutes zu tun und allen zu helfen, die in Not sind. An solchen Opfern hat Gott Freude.

Hebräer 13, 16 (HFA)

Gebe ich 50 Cents oder gebe ich 50 Euro? Gebe ich 10 Minuten meiner Zeit, um meinen Eltern beim Computerproblem zu helfen oder setze ich mich so lange dran, bis das Ganze wieder o.k. ist? Bei der Aktion »Schüler helfen« geben Schüler ihre Zeit und ihren Einsatz, damit Menschen, die zum Beispiel nicht mehr laufen können, mit dem Rollstuhl mal spazieren gefahren werden, oder einsame Menschen überhaupt mal jemanden haben, mit dem sie sprechen können. Fällt dir jemand ein, der deine Hilfe gut brauchen könnte? Denk drüber nach und tu's doch einfach dann auch.

U.Ra.

23. OKTOBER

Gott hat einmal zu Mose gesagt: »Ich erweise meine Güte, wem ich will. Und über wen ich mich erbarmen will, über den werde ich mich erbarmen.« Entscheidend ist also nicht, wie sehr sich jemand anstrengt und müht, sondern, dass Gott sich über ihn erbarmt.

Römer 9, 15 – 16 (HFA)

So erstaunlich ist Gott. Er beugt sich herunter zu uns, hebt uns hoch und trägt uns auf seinem Arm. Dafür müssen wir gar nichts tun. Gott macht das von sich aus. Er hat einfach Freude daran, uns zu helfen und zu trösten. Bei jedem noch so großen Problem möchte er uns die Sicherheit geben: Dein Problem ist in Wirklichkeit ganz klein. Komm! Ich bin auf deiner Seite und trage dich hindurch.

W.R.

24. OKTOBER

Bei dir, Gott weiß ich mich geborgen. Ja, Herr, wie gut bist du zu mir!

Psalm 59, 18 (HFA)

Wie eine Mutter ihr Baby in den Armen wiegt,
völlig entspannt, schläft und liegt.
So kann ich bei dir geborgen sein,
in deine Arme lädst du mich ein.
Ich komm zur Ruhe – mein Herz ist zufrieden und still.
Ich komm zur Ruhe – es zählt nicht mehr, was ich kann und will.
Ich komm zur Ruhe – jetzt bin ich hier bei dir, hier bei dir.

(Daniel Kallauch aus CD »Du bist der Held« © cap!-music, 72213 Altensteig)

25. OKTOBER

Jesus rief seine zwölf Jünger zu sich. Jeweils zu zweit sollten sie in seinem Auftrag durch das ganze Land ziehen. Er gab ihnen Vollmacht, böse Geister auszutreiben. Jesus befahl ihnen, nichts als ihren Wanderstock mit auf den Weg zu nehmen. Sie sollten ganz von Gott abhängig sein.

Markus 6, 7–8 (HFA)

Gebet: Jesus, ich will dir jeden einzelnen Lebensbereich vollständig anvertrauen, damit du durch mich wirken kannst und deine Größe sichtbar wird. Ich bin auf dich angewiesen.

L.R.

26. OKTOBER

Jesus wählte zwölf Männer zu seinen Jüngern. Sie sollten ständig bei ihm bleiben und von ihm lernen. Er wollte sie mit dem Auftrag aussenden, die Heilsbotschaft zu predigen und Menschen von der Macht der Dämonen zu befreien.

Markus 3, 15 (HFA)

Wie wählst du deine Freunde aus? Normalerweise verbringt man seine Zeit am liebsten mit den Menschen, die keine Probleme verursachen. Stell dir aber vor, dass Jesus auch Judas ausgewählt hat, der ihn später verriet. Das ist Freundschaft!

Gebet: Lieber Herr Jesus, danke, dass auch ich zu deinen Freunden gehören darf. Bitte hilf mir, dass auch ich den Menschen eine Chance gebe, die sonst leer ausgehen. Ich will lernen, sie so zu behandeln wie du es getan hast.
C.Schn.

27. OKTOBER

Lieber wenig besitzen und tun, was Gott will, als in Saus und Braus leben und Gott verachten. Denn der Herr lässt machtgierige Menschen scheitern, aber er kümmert sich liebevoll um alle, die ihm treu bleiben.
Psalm 37, 16 – 17 (HFA)

Gar nicht so einfach, dieses Bibelwort zu beten. Denn vermutlich hat schon jeder einmal von einem schönen, reichen und luxuriösen Leben geträumt. Aber, wenn wir anfangen Gott zu danken für all das Gute, was er uns gibt, dann entdecken wir ganz viel Reichtum! Wenn wir Gott in allen Dingen vertrauen, dann hat er versprochen, uns mit allem zu versorgen, was wir zum Leben brauchen!
B.M.

28. OKTOBER

Die Engel sprachen die Jünger an: »Was steht ihr hier und seht zum Himmel? Gott hat Jesus aus euerer Mitte zu sich in den Himmel genommen; aber eines Tages wird er genauso zurückkehren.«
Apostelgeschichte 1, 11 (HFA)

Gebet: Herr Jesus, wir sind voller Vertrauen und Hoffnung, dass du eines Tages zurückkommen wirst. Hilf du uns bitte, dass wir uns vorbereiten und so leben, als ob du heute kommen würdest.
R.S.

29. OKTOBER

Jesus sagte: »Ich bin der Weg, ich bin die Wahrheit, und ich bin das Leben. Zum Vater kommt man nur durch mich. Wenn ihr erkannt habt, wer ich bin, werdet ihr auch meinen Vater erkennen.«
Johannes 14, 6 – 7 (NGÜ)

Von wem lassen wir uns bestimmen? – von der Angst unserer Sackgassen, oder von dem, der sagt, er ist **der Weg**? Glauben wir den Lügen des Teufels, der uns immer wieder einredet: »Ach lass doch, hör doch auf, gib doch auf, ist doch zwecklos!«? Glauben wir diesen Lügen oder der Person, die sagt sie sei, **die Wahrheit**? Versetzen wir uns selbst den Todesstoß mit Bemerkungen »ich geb's auf, es hat doch keinen Zweck«, oder lassen wir uns neu anfachen, ermutigen und herausfordern und motivieren von Jesus, der sagt, er sei **das Leben**?
A.B.

---

30. OKTOBER

Wie gut ist es, dir Herr, zu danken und dich, du höchster Gott zu besingen, schon früh am Morgen deine Gnade zu loben!
Psalm 92, 2–3 (HFA)

> Ich begrüße den Tag mit einem neuen Lied,
> sei mutig mein Herz, wach auf!
> Ich begrüße den Tag, komm und singe doch mit,
> Gott ist dir heute nah, steh auf!
> Gottes Größe ist höher als der Himmel,
> Gottes Treue ist tiefer als der Ozean.
> An diesem Tag will Gott für uns sein,
> für den Großen sind wir nicht zu klein.

(Daniel Kallauch aus CD »Du bist der Held« © cap!-music, 72213 Altensteig)

---

31. OKTOBER

Jesus rief die beiden blinden Männer zu sich und fragte: »Was wollt ihr von mir?« »Herr, wir möchten gerne sehen können!« Voll mitleidender Liebe berührte Jesus ihre Augen. Sofort konnten sie sehen, und sie gingen mit ihm.
Matthäus 20, 34 (HFA)

»Was willst du von mir?« Das fragt Jesus auch dich und mich und blickt uns dabei genauso liebevoll an. Jesus wird die innerste Sehnsucht unseres Herzens erkennen, er wird uns mit Gutem beschenken. »Was willst du von mir?« Sei doch einen Moment still und gib ihm Antwort.
H/B.M.

1. NOVEMBER

Ein Reicher soll niemals vergessen, wie wenig sein irdischer Besitz vor Gott zählt. Wie eine Blume auf dem Feld wird auch sein Reichtum vergehen.
Jakobus 1, 10 (HFA)

»Mensch, hat der ein tolles Fahrrad, Auto, Haus...!« Wer Geld hat in dieser Welt, der zählt was. Kann man Freunde auch mit Geld kaufen? Oder Gesundheit, Freude, Liebe? In Gottes Augen zählt Reichtum gar nichts. Aber jedes Geschenk der Liebe, jedes Lächeln, jede freundliche Geste, jede hilfreiche Handreichung bleibt bis in Gottes Ewigkeit erhalten.
R.R.

2. NOVEMBER

Der Sohn dachte sich: Bei meinem Vater hat jeder Arbeiter mehr als genug zu essen, und ich sterbe hier vor Hunger. Ich will zu meinem Vater gehen und ihm sagen: Vater, ich bin schuldig geworden an Gott und an dir. Sieh mich nicht länger als deinen Sohn an, ich bin es nicht mehr wert. Aber kann ich nicht als Arbeiter bei dir bleiben?
Lukas 15, 17 – 19 (HFA)

> Du hättest allen Grund gehabt, mich einfach zu vergessen,
> doch du stehst da und wartest auf mich.
> Du hättest allen Grund gehabt,
> dich von mir abzuwenden,
> doch du siehst mich an und sagst: »Ich liebe dich!«
> Bei dir bin ich zu Hause vom ersten Moment,
> du nimmst mich in die Arme vom ersten Moment.
> Ich seh dich an und mir wird klar,
> du denkst nicht mehr an das, was war,
> vom ersten Moment.

(»Daniel Kallauch aus CD »Alles dreht sich um Willibald« © cap!-music, 72213 Altensteig)

3. NOVEMBER

Keiner kann von Herzen bekennen: »Jesus ist der Herr!«, wenn er nicht den Heiligen Geist hat.
1. Korinther 12, 3 b (HFA)

Der Heilige Geist ist es, der uns Jesus verstehen läßt. Durch den Heiligen Geist verstehen wir: Gott ist unser himmlischer Vater, Jesus ist der Sohn. Durch den Heiligen Geist können wir aus tiefstem Herzen heraus zu Gott beten.
R.S.

4. NOVEMBER

Alles, worum ihr im festen Glauben bittet, wird Gott euch geben. Aber wenn ihr ihn um etwas bittet, sollt ihr vorher den Menschen vergeben, die euch Unrecht getan haben.
Markus 11, 24—25 a (HFA)

Gebet: Jesus, ich danke dir, dass du meine Gebete erhörst. Ich danke dir, dass du mir das geben möchtest, was ich brauche, wenn ich dich darum bitte. Denn du bist mein liebender Vater und ich dein Kind. Herr, und du weißt, dass mir . . . . (Person einsetzen) wehgetan hat und ich mich echt verletzt fühle, aber ich möchte ihr/ihm vergeben und nicht mehr sauer auf sie/ihn sein. Amen.

Und jetzt sage Jesus doch einfach, was du brauchst und warte mal ab, was passiert!
V.D.

5. NOVEMBER

Ich will den Herrn loben und nie vergessen, wieviel Gutes er mir getan hat. Ja, er vergibt mir meine ganze Schuld und heilt mich von allen Krankheiten!
Psalm 103, 2—3 (HFA)

Gott lässt uns Tag für Tag Gutes erleben. Erinnere dich an die letzten drei Tage. Wofür kannst du Gott wirklich danken? Vergiss niemals, dass Gott dich lieb hat und es gut mit dir meint. Mit allem, was du falsch gemacht hast, kannst du zu ihm kommen. Er wird dir verzeihen! Wenn du krank bist — er hat Hilfe für dich. Ja, es wird die Zeit kommen, wo es keine Sünde, keine Krankheit und keinen Tod mehr geben wird. Ist das kein Grund, Gott zu danken?
G.G.

6. NOVEMBER

David rief: »Du, Goliath, trittst gegen mich an mit Schwert, Lanze und Wurfspieß. Ich aber komme mit der Hilfe des Herrn. Alle Soldaten sollen sehen, dass der Herr weder Schwert noch Speer nötig hat, um uns zu retten.«
1. Samuel 17, 45. 47 (HFA)

Gebet: Herr, ich bin erstaunt, wie wunderbar du helfen kannst. Du hast Mittel und Wege, mit denen ich nicht gerechnet habe. Ich brauche mich auch vor großen Herausforderungen nicht zu fürchten, weil ich immer auf deine Hilfe vertrauen kann. Lass auch andere erkennen, dass du der Gott bist, von dem die Rettung aus jeder Notlage kommt.
A.H.

7. NOVEMBER

Jesus sagte: »Ich gebe euch ein neues Gebot: Ihr sollt einander lieben, wie ich euch geliebt habe. An eurer Liebe zueinander werden alle erkennen, dass ihr meine Jünger seid.«
Johannes 13, 34–35 (NGÜ)

Gebet: Lieber Vater, manche Menschen mag ich sehr gerne. Andere Menschen kann ich überhaupt nicht leiden. Ich möchte aber gerne handeln, wie du gehandelt hast, eben ein echter Jünger sein. Hilf mir, dass ich heute den Menschen, die ich nicht so mag, Liebe entgegenbringen kann.
M.D.

8. NOVEMBER

Seht doch, wie groß die Liebe ist, die der Vater uns schenkt! Denn wir dürfen uns nicht nur seine Kinder nennen, sondern wir sind es wirklich.
1. Johannes 3, 1 (HFA)

> Gottes große Liebe – in Jesus seh'n wir sie!
> Er hat uns so reich gemacht,
> mit Gutem überschüttet.
> Alle, die ihm vertraun,
> dürfen Gottes Kinder sein.

(Daniel Kallauch aus CD »Hurra für Jesus 6« © cap!-music, 72213 Altensteig)

9. NOVEMBER

Alle, die sich vom Geist Gottes regieren lassen, sind Kinder Gottes. Denn der Geist Gottes führt euch nicht in eine neue Sklaverei; nein, er macht euch zu Gottes Kindern. Deshalb dürft ihr furchtlos und ohne Angst zu Gott kommen und ihn euren Vater nennen.
Römer 8, 14–15 (HFA)

Hast du dich schon einmal verirrt? Eine gute Hilfe ist ein Wegweiser. Der Wegweiser, der uns zeigt, dass Gott uns allen ein liebender Vater sein möchte, ist der Heilige Geist. Der Geist Gottes lebt in allen Kindern Gottes. Erlaube ihm doch heute, dass er dich durch diesen Tag führen darf.
K/B.H.

10. NOVEMBER

Gott hat uns nicht zu einem zuchtlosen Leben berufen, sondern zu einem Leben, das ihn ehrt. Wer sich darüber hinwegsetzt, der verachtet nicht Menschen; er verachtet Gott, dessen Heiliger Geist in euch wohnt.
1. Thessalonicher 4, 7–8 (HFA)

Zuchtlos ist jemand, der sich nur um seine eigenen Wünsche kümmert. Er fragt sich: »Wozu habe ich Lust?« So ein Mensch lebt sein Leben nicht nach den Regeln Gottes. Er will nicht wissen, was Gott von ihm möchte. Das ist nicht Gottes Plan. Er möchte, dass wir ein Leben führen, das ihn ehrt. Er hilft uns gerne dabei!
B.J.

11. NOVEMBER

Und Gott sah alles an, was er geschaffen hatte, und sah: Es war alles sehr gut. Es wurde Abend und wieder Morgen: der sechste Tag. So entstanden Himmel und Erde mit allem, was lebt.
1. Mose 1, 31–2, 1 (GNB)

Gott ist voller Freude über seine schöne Welt: über den Sonnenschein, der die Bäume so grün und die Blumen so bunt macht. Aber auch der Regen ist so wichtig, damit nichts vertrocknet. Schau dir mal ein Blatt von einem Baum mit seinen Mustern an und freue dich daran, so wie Gott es tut.
B.K.

12. NOVEMBER

Wir dürfen uns darauf verlassen, dass Gott unser Beten erhört, wenn wir ihn um etwas bitten, was seinem Willen entspricht.
1. Johannes 5, 14 (HFA)

Manchmal bete ich um etwas, was ich mir unbedingt wünsche und frage nicht nach Gott und seinem Willen.
    Manchmal bin ich zu ungeduldig und verpasse die Antwort.
    Manchmal erhört Gott mein Gebet etwas anders, als ich es dachte.
    Manchmal gehe ich nicht zu Gott und vergesse zu beten.
    Herr, zeige mir, wie ich beten soll!
S.L.

13. NOVEMBER

Vergesst nicht, Gastfreundschaft zu üben; denn ohne es zu wissen, haben manche auf diese Weise Engel bei sich aufgenommen.
Hebräer 13, 2 (HFA)

Da ich so viel unterwegs bin, darf ich oft die Gastfreundschaft von Familien erleben. Ich bin Gott so dankbar dafür, und mein Gebet ist, dass diese Familien von Gott reich gesegnet werden. Auch wenn es manchmal schwer fällt, Menschen aufzunehmen, weil wir so viel zu tun haben, sollten wir es trotzdem tun. Oft werden wir selbst noch mehr beschenkt als unser Gast.
G.M.

14. NOVEMBER

Gott hat der Welt seine Liebe dadurch gezeigt, dass er seinen einzigen Sohn für sie hergab, damit jeder, der an ihn glaubt, das ewige Leben hat und nicht verloren geht.

Johannes 3, 16 (NGÜ)

Es gibt Geschenke, die sind etwas ganz Besonderes: mit viel Mühe selbst gebastelt oder aus der eigener Schatzkiste »geopfert«. Der Beschenkte weiß: Mensch, der hat mich wirklich lieb. Sonst würde er mir doch nicht so ein tolles Geschenk machen.

Weil Gottes Liebe so unglaublich groß ist und weil die Menschen nicht an sie glauben wollten, schenkte er ihnen das Liebste, was er besaß – seinen Sohn. Er zeigte den Menschen den einzigen Weg zu Gott und starb für sie, obwohl sie sich von Gott getrennt und viele schlimme Dinge getan hatten.

C.E.

15. NOVEMBER

Merkst du es denn nicht? Noch stehe ich vor der Tür und klopfe an. Wer jetzt auf meine Stimme hört und mir die Tür öffnet, bei dem werde ich einkehren. Gemeinsam werden wir das Festmahl essen.

Offenbarung 3, 20 (HFA)

    Jetzt ist die Zeit – jetzt ist die Zeit!
    Der König kommt – der König kommt.
    Mach dich bereit – mach dich bereit!
    Der König kommt – der König kommt.
    Öffne dein Herz, bitte ihn herein,
    empfange ihn und lass ihn bei dir ein.

(Daniel Kallauch aus CD »Hurra für Jesus 2« © cap!-music, 72213 Altensteig)

16. NOVEMBER

Ich, der Herr, habe die Sonne dazu bestimmt, den Tag zu erhellen, den Mond und die Sterne, damit sie nachts leuchten. Sie alle folgen einer festen Ordnung. Ich lasse die Wellen des Meeres tosen, denn ich bin der allmächtige Gott.

Jeremia 31, 35 (HFA)

Wow! Gigantisch! Unvorstellbar groß! Millionen von Sternen erhielten von Gott ihre feste Ordnung. Er ist das »Gehirn«, das all die Sonnensysteme, Milchstraßen und Planeten erdachte und ihre Bahnen bestimmte. Er ist einfach phänomenal. Er ist der Herr des Weltalls, heilig, riesig und allmächtig.
H/B.M.

17. NOVEMBER

Der Herr ist mein Schild, mein starker Helfer, meine Burg auf unbezwingbarer Höhe. Ich preise dich, Herr! Wenn ich zu dir um Hilfe rufe, dann werde ich vor meinen Feinden gerettet.
Psalm 18, 3 b – 4 (HFA)

Im Sommer waren wir auf einer Burg in Frankreich. Noch nie habe ich solche Mauern gesehen. Die Höhe war unüberwindbar für Feinde. So stark sind die Arme des Vaters um uns herum, so hoch hält er uns. Vater, danke, dass wir bei dir sicher sind.
M.P.

18. NOVEMBER

Jesus wandte sich an Thomas: »Lege deinen Finger auf meine durchbohrten Hände! Gib mir deine Hand und lege sie in die Wunde an meiner Seite! Zweifle nicht länger, sondern glaube!« Thomas antwortete nur: »Mein Herr und mein Gott!«
Johannes 20, 27 – 28 (HFA)

Gebet: Jesus, wie oft habe ich dich ganz nah gespürt und erfahren. Trotzdem kommen immer wieder Zweifel in mir hoch! Danke, dass ich dir das ganz ehrlich sagen kann. Du verlierst nicht die Geduld mit mir. Du freust dich, wenn ich damit zu dir komme und reichst mir deine Hand.
U.R.

19. NOVEMBER

Ich schrie zum Herrn, als ich nicht mehr aus noch ein wusste, und er half mir aus meiner Not. Ich war dem Tode nah, doch du, Herr, hast meinen Hilferuf gehört!
Jona 2, 3 (HFA)

Jona war wirklich in einer ausweglosen Situation. Stell dir mal vor, du hockst im Magen eines riesigen Monsters ... Jona aber hat es überlebt. Weißt du warum? Weil er wusste, dass Gott einen Plan mit ihm hatte. Wenn Gott etwas mit dir vorhat, dann gibt es kein »Monster«, vor dem er dich nicht retten könnte. Keine Mathearbeit, keine bösen Nachbarjungs und kein Alptraum ist stark genug, diesen Gott aufzuhalten. Alles was du tun musst, ist ihn um Hilfe zu bitten!
C.Schn.

20. NOVEMBER

Der Prophet Johannes berichtet von seiner Vision: Ich sah eine riesige Menschenmenge aus allen Stämmen und Völkern, Menschen aller Sprachen und Kulturen; es waren so viele, dass niemand sie zählen konnte. In weiße Gewänder gehüllt, standen sie vor dem Thron und vor dem Lamm, hielten Palmzweige in den Händen und riefen mit lauter Stimme: »Das Heil kommt von unserem Gott, der auf dem Thron sitzt und von dem Lamm.«
Offenbarung 7, 9 – 10 (NGÜ)

Christen sind nie Einzelkämpfer. Es gibt auf der ganzen Welt unzählig viele Menschen, die an Jesus glauben. Sie sind arm oder reich, sind Universitätsprofessoren oder Analphabeten, leben in Slums oder in Villen, sprechen Englisch oder Suaheli. Wir sind nicht allein – nie im Leben und in der Ewigkeit bei Gott auch nicht!

Noch eine kleine Hilfe: Das Lamm ist in der Bibel ein Bild für Jesus. Wie ein Opferlamm wurde er getötet, um die Schuld aller Menschen wieder gut zu machen. Nach seiner Auferstehung hat Gott ihn zum Herrscher gemacht, vor dem sich alle verbeugen werden.
A.J.

21. NOVEMBER

Seid so barmherzig wie euer Vater im Himmel! Richtet nicht über andere, dann wird Gott auch nicht über euch richten! Verurteilt keinen Menschen, dann wird Gott euch auch nicht verurteilen.
Lukas 6, 36 (HFA)

Das finde ich ziemlich schwierig, denn es gibt immer wieder Leute, die ich nicht mag oder die mir auf die Nerven gehen. Ich denke schlecht über sie, rede schlecht von ihnen oder will nichts mit ihnen zu tun haben. Gott sieht das ganz anders. Er will, dass wir auch mit diesen Leuten barmherzig umgehen.
  Gebet: Jesus, bitte hilf mir dabei, die Menschen so zu sehen, wie du sie siehst!
A.L.

22. NOVEMBER

Wer arm ist und wenig beachtet wird, soll deshalb nicht mutlos sein, sondern sich vielmehr darüber freuen, dass er vor Gott viel gilt.
Jakobus 1, 9 (HFA)

Ich finde es sehr tröstend und ermutigend, dass Gott entgegen den Maßstäben der Gesellschaft urteilt. Denn was wirklich zählt, ist, was wir vor ihm sind, nicht wie die Menschen uns beurteilen.
L.R.

23. NOVEMBER

Jemand brachte Jairus die Nachricht: »Deine Tochter ist gestorben. Der Meister braucht nicht mehr zu kommen.« Jesus hörte das und sagte zu dem Vater: »Fürchte dich nicht! Glaube nur, und deine Tochter wird gerettet!«
Lukas 8, 49 – 50 (HFA)

> Neuer Mut für die Verzweifelten,
> dazu hat Gott mich auserwählt.
> Rettung für die Verlorenen,
> dazu hat Gott mich auserwählt.
> Ihr sollt frei sein, denn Gott rettet sein Volk.
> Ihr dürft froh sein, und ein Freudenfest feiern.

Ihr sollt frei sein, denn Gott schickt seinen Sohn.
Tanz und klatscht, lacht und jubelt,
eine neue Zeit bricht an!
(Daniel Kallauch aus CD »Hurra für Jesus 6« © cap!-music, 72213 Altensteig)

24. NOVEMBER

Wenn dieses Volk, das meinen Namen trägt, seine Sünde bereut, von seinen falschen Wegen umkehrt und nach mir fragt, dann will ich ihnen vergeben und ihr Land wieder fruchtbar machen.
1. Chronik 7, 14 (HFA)

Falsche Wege? Sünde erkennen und sagen, dass es einem Leid tut? Nach Gott fragen? Das alles hängt zusammen. Wenn ich nach Gott frage, dann erkenne ich, was ich falsch mache. Wenn ich Gott auch sage, dass es mir Leid tut und ich jetzt anders leben will, dann beschenkt uns Gott auch: mit Vergebung und mit seinem sichtbaren Segen.
U.Ra.

25. NOVEMBER

Werdet stark durch den Glauben an Christus und im Vertrauen auf seine Macht! Greift zu den Waffen Gottes, damit ihr alle heimtückischen Anschläge des Teufels abwehren könnt.
Epheser 6, 10–11 (HFA)

Gebet: Herr, der Teufel versucht mit allen Tricks mich von dir abzuhalten und mein Leben zu beeinflussen. Aber du bist der Stärkere und mit dir bin ich stark! Du bist der allmächtige Gott. Dein Wort ist die Wahrheit und darum ist die Bibel eine ganz starke Waffe gegen den Feind.
B.M.

26. NOVEMBER

Ein verständiger Mensch lässt sich belehren, aber wer sich nichts sagen lässt und nur Unsinn redet, richtet sich selbst zugrunde.
Sprüche 10, 8 (HFA)

Oft fällt es uns schwer, wenn andere uns korrigieren und zurechtweisen. Gottes Wort sagt uns, dass wir weise Menschen sind, wenn wir uns von Gott und den Menschen etwas sagen lassen. Dies setzt voraus, dass wir bereit sind, auf sie zu hören und wenn nötig, unser Verhalten zu ändern.
E.S.

27. NOVEMBER

»Ich bin das Brot des Lebens«, sagte Jesus zu den Leuten. »Keiner, der zu mir kommt, wird jemals wieder Hunger leiden, und niemand, der an mich glaubt, wird jemals wieder Durst haben.«
Johannes 6, 35 (HFA)

Brot ist ein Grundnahrungsmittel. Wenn wir über eine lange Zeit kein Brot (oder Vergleichbares wie Kartoffeln oder Reis) essen, werden wir schlapp und krank. Wir Menschen haben aber nicht nur Hunger nach Essen, sondern wir haben auch Hunger und Sehnsucht nach Annahme, Vergebung und Liebe – nach einem erfüllten Leben eben. Genau das bietet Jesus uns an!
A.K.

28. NOVEMBER

Gott sagte zu Abraham: »Geh fort aus deinem Land, verlass deine Heimat und deine Verwandtschaft, und zieh in das Land, das ich dir zeigen werde!«
1. Mose 12, 1 (HFA)

> Hab keine Angst, ich bin bei dir.
> Du gehörst zu mir, komm vertraue mir,
> ich rufe dich bei deinem Namen.
> Hab keine Angst, dein Retter ist hier.
> Ich bin dein Herr und Gott, du bist mir viel wert,
> ich gebe alles für dich, weil ich dich liebe.
> Und kommst du in eine Gefahr, ich bin bei dir.
> Schon ehe du rufst, bin ich da, ich bin bei dir.
> Hab keine Angst, ich beschütze dich.
> Ich mache dich stark, verlass dich auf mich.

(Daniel Kallauch aus CD »Hurra für Jesus 6« © cap!-music, 72213 Altensteig)

29. NOVEMBER

Wohin wir auch kommen, verbreitet sich die Erkenntnis Gottes wie ein angenehmer Duft, dem sich niemand entziehen kann. Ob die Menschen nun das Evangelium annehmen und gerettet werden, ob sie es ablehnen und verlorengehen: Unser Leben als Christen ist ein Wohlgeruch für Gott.
1. Korinther 2, 14 b – 15 (HFA)

Welches ist dein Lieblingsduft? Was riechst du am liebsten? Für mich ist das ein frisch gebackenes Brot oder eine aufblühende Rose. Beides duftet so köstlich, dass man es ganz tief in sich aufnehmen und nie mehr vergessen möchte. Der schönste Duft, den man verbreiten kann, stammt aber nicht von Blumen oder Gebäck. Er kann von jedem Kind Gottes ausgehen. Der Name dieses Parfüms ist »Ich kenne Gott«. Der Duft ist so speziell, dass nicht alle ihn mögen.
W.R.

30. NOVEMBER

Jesus stand am Morgen vor Tagesanbruch auf und ging an eine einsam gelegene Stelle, um dort allein zu beten.
Markus 1, 35 (HFA)

Wie wäre es, wenn du dir vornimmst, einmal an diesem Tag eine »einsam gelegene Stelle« zu suchen um zu beten? Das kann ein Zimmer, ein Wald, ein See, ein Spazierweg, eine Kirche sein (oder auch die Toilette – verschließbar mit Bibel an Bord). Hauptsache, du bist wirklich allein mit deinem Herrn. Er wartet auf dich.
H/B.M.

1. DEZEMBER

Von Christus kommt alles Leben, und sein Leben ist das Licht für alle Menschen. Er ist das Licht, das die Finsternis durchbricht, und die Finsternis konnte dieses Licht nicht auslöschen.
Johannes 1, 4–5 (HFA)

> Gott sprach am Anfang: »Es werde Licht!«,
> und die Dunkelheit verschwand,
> so brauchen wir nicht länger in der Finsternis sein.
> Gott, der uns unendlich liebt, hat dann seinen Sohn gesandt.
> So brauchen wir nicht länger in der Finsternis sein.
> Jesus, komm in meine Dunkelheit hinein,
> mit deinem warmen Licht, mit hellem Schein,
> denn in deinem Licht fürchte ich mich nicht.
> (Daniel Kallauch aus CD »Hurra für Jesus 6«, © cap-music, 72213 Altensteig)

2. DEZEMBER

O Herr, von deinen Worten und Taten lebe ich, sie geben mir alles, was ich brauche. Du hast mich wieder gesund gemacht und mir von neuem das Leben geschenkt.
Jesaja 39, 16 (HFA)

Es gibt Zeiten in meinem Leben, da fühle ich mich manchmal allein, wie in einem Tunnel – alles dunkel um mich herum. Aber ich weiß, vor dem Tunnel scheint die Sonne und dahinter scheint sie auch. Und dann denke ich, Jesus war gestern gut zu mir und so wird er es auch morgen sein. Alles wird gut!
W.K.

3. DEZEMBER

Geht durch die Tempeltore ein mit Dank, betretet den festlichen Vorhof mit lautem Lob! Preist ihn! Rühmt ihn! Denn der Herr ist gut zu uns, seine Gnade hört niemals auf, für alle Zeiten hält er uns die Treue.
Psalm 100, 4–5 (HFA)

Wenn wir uns über ein Tor beim Fußball schon so freuen können, dass wir laut jubeln, wie viel mehr Grund haben wir, Jesus für das zu danken, was er für uns getan hat! Und dabei mal richtig aus uns herauszukommen! Als die Kinder im Tempel laut »Hosianna!« brüllten, hat Jesus sich sehr darüber gefreut (Matthäus 21). Da können die Erwachsenen viel von den Kindern lernen!
B.v.B.

4. DEZEMBER

Räche dich nicht und sei nicht nachtragend! Liebe deinen Mitmenschen wie dich selbst.
1.Mose 19, 18 (HFA)

Gott liebt dich so wie du bist! Sei nicht unzufrieden mit dir – er hat dich wunderbar gemacht. Bitte ihn, dass er hilft, auch mit den Menschen, die dir täglich begegnen, freundlich umzugehen. Jeder Mensch macht Fehler und wir alle brauchen Vergebung.
A.Ke.

5. DEZEMBER

Herr, wer dich kennenlernt, der wird dir gern vertrauen. Wer sich auf dich verlässt, der ist nie verlassen.
Psalm 9,11 (HFA)

Ich bin nicht allein, wenn ich zur Schule geh.
Ich bin nicht allein, auch wenn ich keinen seh.
Ich bin nicht allein am Abend in der Nacht.
Ich bin nicht allein, auch wenn es blitzt und kracht.
Von oben und von unten, von vorne und von hinten,
hältst du deine Hand über mir, mein Gott,
darum fürchte ich mich nicht!
(Susi Lange aus CD »Hurra für Jesus 7«, © cap-music, 72213 Altensteig)

6. DEZEMBER

David betete: Gott, du hast mich und mein Haus reich beschenkt und willst für alle Zeiten einen meiner Nachkommen zum König machen. Ja, weil du, Herr, meine Familie gesegnet hast, wird sie in Ewigkeit gesegnet sein.
1.Chronik 17, 27 (HFA)

David dachte nicht nur an Salomo, seinen Sohn, der nach ihm König wurde. David betete hier auch prophetisch: Jesus, der ungefähr 1000 Jahre später geboren wurde, war ein Nachkomme Davids. Er ist ein ewiger König, niemals hört seine Herrschaft auf. Jesus ist auch heute unser König.
A.K.

7. DEZEMBER

Stellt euch vor, in eurer Gemeinde sind einige in Not. Sie haben weder etwas anzuziehen noch genügend zu essen. Wäre ihnen schon damit geholfen, wenn du zu ihnen sagst: »Ich wünsche euch alles Gute! Hoffentlich habt ihr warme Kleider und könnt euch satt essen!«, ohne dass ihr ihnen gebt, was sie zum Leben brauchen? Genauso nutzlos ist ein Glaube, der sich nicht in der Liebe beweist: er ist tot.
Jakobus 2, 15–17 (HFA)

Miteinander zu sprechen und sich gegenseitig Mut zu machen, ist gut und hilft auch oft. Aber hier spricht Jakobus davon, jemandem ganz praktisch zu helfen. Hast du schon mal etwas weggegeben, was ein anderer braucht? Diskutiert einmal in der Familie, wie ihr jemandem, der in materieller Not ist, helfen könnt, ohne dass es ihn beschämt.
R.G.

8. DEZEMBER

Sag dir die Gebote immer wieder auf! Denke Tag und Nacht über sie nach, damit du dein Leben ganz nach ihnen ausrichtest. Dann wird dir alles gelingen, was du dir vornimmst.
Josua 1, 8 (HFA)

Gebet: Vater im Himmel, hilf mir, deine guten Absichten hinter deinen Geboten zu verstehen! Du willst mich ja segnen und nicht unterdrücken. Lass deine Gebote mir zu guten Freunden werden, die mich in schwierigen Situationen meines Lebens begleiten und mir immer wieder einen guten Ausweg zeigen.
D.E.

> **Tipp:** Was sind die Gebote Gottes? Kennst du die 10 Gebote? Welche Gebote aus der Bibel helfen uns noch, unser Leben als Kinder Gottes zu leben? Bastelt ein Memory-Spiel daraus: auf der einen Karte die Worte, auf der anderen eine Collage oder ein gemaltes Bild.

9. DEZEMBER

Jesus sagte: »Wer meine Worte hört und danach handelt, der ist klug. Man kann ihn mit einem Mann vergleichen, der sein Haus auf felsigen Grund baut. Wenn ein Wolkenbruch niedergeht, das Hochwasser steigt und der Sturm am Haus rüttelt, wird es trotzdem nicht einstürzen, weil es auf Felsengrund gebaut ist.«
Matthäus 7, 24−25 (HFA)

Bilder von Überschwemmungen hat schon fast jeder im Fernsehen oder in der Zeitung gesehen. Da sieht man, wie ganze Häuser einfach weggespült werden. Was von außen so toll und sicher und besonders wirkt, hat manchmal gar keine richtige Basis, keine Grundlage. Das kann bei Häusern und auch bei Menschen so sein. Jesus sagt, wir sind klug, wenn wir auf seine Worte hören, das ist eine gute Grundlage für unser Leben.

Gebet: Jesus, ich bitte dich, dass ich heute klug handele so wie du es tun würdest. Ich will mich nicht von großen tollen Worten täuschen lassen, sondern deinen Worten und Versprechen glauben.
D.K.

10. DEZEMBER

Jesus sagte: Ich bin das Licht für die Welt. Wer mir nachfolgt, wird nicht mehr in der Dunkelheit herumirren, sondern folgt dem Licht, das ihn zum Leben führt.
Johannes 8, 12 (HFA)

Es ist viel leichter, im Hellen einen Weg zu suchen, als in der Dunkelheit herauszufinden, wo man gehen könnte. Jesus bietet an, dass wir hinter ihm hergehen können und ihm nachfolgen dürfen. Wenn wir Jesus hinterher gehen, ist es so, wie wenn das Licht scheint. Jesus weiß den Weg zum Ziel. Das Ziel dieses Weges ist das wirkliche Leben.
C.G.

11. DEZEMBER

Paulus sagte zu den Leuten in Athen, die einen Altar hatten mit der Aufschrift »Für den unbekannten Gott«: »Von diesem Gott, den ihr verehrt, ohne ihn zu kennen, spreche ich. Es ist der Gott, der die Welt und alles, was in ihr ist, geschaffen hat. Dieser Herr des Himmels und der Erde wohnt nicht in Tempeln, die Menschen gebaut haben.«
Apostelgeschichte 17, 22–24 (HFA)

Die meisten Menschen vermuten, dass es einen Gott gibt. Sie sagen: »Es gibt ganz sicher irgendwo einen Gott!« So erlebt es auch Paulus in Athen. Jetzt kommt jedoch alles darauf an, den Menschen diesen Gott vorzustellen. Er ist nicht irgendein Gott, sondern wir können ihn erleben und mit ihm reden. Unser Gott ist der einzig wahre Gott, der Vater von Jesus Christus.
M.H.

12. DEZEMBER

Kein anderer Gott ist wie du, Herr; niemand kann tun, was du tust! Du hast alle Völker geschaffen. Sie werden zu dir kommen, sich vor dir niederwerfen und dich verehren. Denn du bist groß und mächtig, ein Gott, der Wunder tut; nur du bist Gott, du allein!
Psalm 86, 8–10 (HFA)

Gebet: Halleluja!! Du bist international. Du hast auch Mehmet aus meiner Klasse gemacht. Du sprichst alle Sprachen auf dieser Welt, ohne dass du sie in der Schule lernen musstest. Eines Tages werden die Menschen aus allen Völkern und mit allen Sprachen dich loben und anbeten, weil du so großartig bist!
K.H.

13. DEZEMBER

Zu der von Gott festgesetzten Zeit sandte er seinen Sohn zu uns. Christus wurde wie wir als Mensch geboren.
Galater 4, 4 (HFA)

Wir alle leben täglich unter dem Einfluss von Plänen, wie zum Beispiel Stundenpläne in der Schule, Fahrpläne bei Bahn- oder Busunternehmen, Baupläne von Maschinen.

Gott hat für unser Leben die genialsten Pläne. Sein größter und wichtigster Plan war, ein Mensch zu werden. Und weil er selbst Mensch war, kann er uns auch so richtig gut verstehen – heute noch!
A.J.

14. DEZEMBER

So klein die Zunge auch ist, was kann sie nicht alles anrichten! Ein kleiner Funke setzt einen ganzen Wald in Brand. Mit einem solchen Feuer lässt sich auch die Zunge vergleichen.
Jakobus 3, 5–6 (HFA)

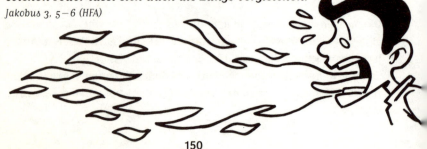

Im Wald darf man kein Feuer machen, das weiß jedes Kind. Feuer im Ofen dagegen wärmt, schafft Geborgenheit und tut gut. So können wir auch mit unserer Zunge – das heißt, mit unseren Worten – Gutes und Böses bewirken.
S.K.

15. DEZEMBER

Jesus sagte zu seinen Jüngern: Der Heilige Geist, den euch der Vater an meiner Stelle senden wird, er wird euch an all das erinnern, was ich euch gesagt habe, und ihr werdet es verstehen.
Johannes 14, 26 (HFA)

Wir lesen in der Bibel, hören eine Predigt oder biblische Geschichte. Es sind erst mal nur Worte und Geschichten. Aber dann gibt es eine Situation in unserem Alltag, in der wir uns an Gelesenes und Gehörtes erinnern und plötzlich verstehen wir wie's gemeint ist. Das macht der Heilige Geist in uns!
R.S.

16. DEZEMBER

Herr, unser Herrscher! Groß und herrlich ist dein Name. Himmel und Erde sind Zeichen deiner Macht. Ich blicke zum Himmel und sehe, was deine Hände geschaffen haben: den Mond und die Sterne – allen hast du die Bahnen vorgezeichnet.
Psalm 8, 2 + 4 (HFA)

Wann hast du das letzte Mal so richtig »Bauklötze gestaunt«? Dir die Augen gerieben, weil du es kaum glauben konntest? Vielleicht im Zoo? Oder auf dem Flughafen? In Psalm 8 kommt David aus dem Staunen nicht mehr raus! Er reibt sich die Augen, weil er es kaum glauben kann, was er sieht! Was hat er gesehen? Den Himmel und die Erde. Und er ist sich sicher: das alles hat Gott geschaffen! So mächtig ist Gott. So groß!
H.B.

17. DEZEMBER

Rühmt unseren Gott! Alle, ob groß oder klein, die ihr zu ihm gehört und ihm dient!
Halleluja! Lobt den Herrn! Denn der allmächtige Gott, unser Herr, ist der Sieger.
Offenbarung 19, 5 + 6b (HFA)

»Gewonnen!! Wir haben gewonnen!« Jubel hallt durch das Stadion. Soeben hat der Schiedsrichter das Spiel abgepfiffen. Und nun werden die Spieler bejubelt, gelobt, verehrt. Gewonnen! Was für eine Stimmung! – »Halleluja, lobt unsern Gott!« Lauter Jubel hallt durch den Himmel. Doch auf der Erde herrscht Schweigen. Obwohl der lebendige Gott Sieger ist über Leid, über Trauer, über allen Streit: Wer jubelt ihm zu?

M.Z.

18. DEZEMBER

Die Weisheit, die von Gott kommt, ist lauter und rein. Sie sucht den Frieden. Sie ist freundlich, bereit nachzugeben und läßt sich etwas sagen. Sie hat Mitleid mit anderen und bewirkt immer und überall Gutes.

Jakobus 3,17 (HFA)

Gebet: Danke Jesus, dass du mir immer freundlich entgegenkommst. Manchmal bin ich nicht bereit, anderen freundlich zu begegnen. Mitleid zu haben fällt mir schwer und nachgeben ist auch oft nicht einfach. Das tut mir leid. Bitte, Heiliger Geist, erfülle du mich mit deiner Weisheit. Ich wünsche mir sehr, dass die Menschen dich und deine Freundlichkeit in meinem Leben sehen können.

D.Eh.

19. DEZEMBER

Trennt euch ganz entschieden von allem Gemeinen und Bösen. Nehmt vielmehr bereitwillig Gottes Wort an, das er wie ein Samenkorn in euch gelegt hat. Es hat die Kraft, euch zu retten.

Jakobus 1, 21 (HFA)

Gebet: Lieber Vater. Ich kann selber entscheiden – etwas Gutes zu tun oder etwas Gemeines. Heute wird es bestimmt einige solche Situationen geben. Bitte hilf mir, dann die richtige Entscheidung zu treffen. Lass mich die feinen Hinweise des Heiligen Geistes erkennen und danach handeln. Amen.

D.K.

20. DEZEMBER

Wisst ihr denn nicht, dass auch euer Körper zum Leib Christi gehört? Euer Leib ist ein Tempel des Heiligen Geistes, den Gott euch gegeben hat.
1. Korinther 6,15+19 (HFA)

Kopf und Nase, Ohren und Bauch,
Schultern, Arme und die Beine auch,
Hals und Brust, links und rechts ein Knie,
Herz und Hände, eins vergess ich nie:
sie sind der Tempel, sie sind der Tempel
des Heiligen Geistes, der in mir lebt.

(Daniel Kallauch aus CD »Hurra für Jesus 2«,
© cap-music, 72213 Altensteig)

21. DEZEMBER

Für alles auf der Welt hat Gott schon vorher die rechte Zeit bestimmt. In das Herz des Menschen hat er den Wunsch gelegt, nach dem zu fragen, was ewig ist. Aber der Mensch kann Gottes Werke nie voll und ganz begreifen.
Prediger 3, 11 (HFA)

Gebet: Danke, lieber Vater im Himmel, dass du alles im Griff hast. Manchmal verstehe ich nicht alles, was um mich herum passiert. Trotzdem will ich dir vertrauen. Danke, ich darf dich kennen und eines Tages im Himmel ganz in deiner Nähe leben.
A.T.

22. DEZEMBER

Kommt zurück zum Herrn, eurem Gott, denn er ist gnädig und barmherzig, seine Geduld ist groß und seine Liebe grenzenlos. Er ist bereit, euch zu vergeben und nicht zu bestrafen.
Joel 2, 13 b (HFA)

Gott schimpft nicht! Wenn etwas schief gelaufen ist, dann hilft er dir, dass es wieder in Ordnung kommt. Du brauchst keine Angst vor ihm zu haben. Er hat dich unendlich lieb. Er steht mit weit ausgebreiteten Armen da und sagt: »Komm!« Egal, was war oder wo du bist, du kannst umkehren und in seine Arme laufen. Er hat dich lieb! R.R.

23. DEZEMBER

Hass führt zu Streit, aber Liebe sieht über Fehler hinweg.
Sprüche 10, 12 (HFA)

Einer wird ungerecht behandelt. Er ist stinksauer darüber, hat richtig hässliche Gedanken über den anderen. Dann erzählt er es einem Freund. Schon bald ist der blödeste Streit ausgebrochen. Gott sagt uns, wie man so etwas stoppen kann: wer liebt, der kann über die Fehler von anderen hinwegsehen. Das bedeutet nicht, dass man es nicht sagt, wenn man ungerecht behandelt wurde oder ein anderer einem wehgetan hat. Aber man braucht sich nicht in Hassgefühlen verrennen, sondern kann liebevoll vergeben. Gott hat uns vorgemacht, wie das geht.
A.K.

24. DEZEMBER

Der Engel sagte zu den Hirten: »Fürchtet euch nicht! Ich bringe euch die größte Freude für alle Menschen: Heute ist für euch in der Stadt, in der schon David geboren wurde, der lang ersehnte Retter zur Welt gekommen. Es ist Christus, der Herr.«
Lukas 2, 10–11 (HFA)

Irgendwie merkwürdig ist es schon: Oma feiert ihren 80. Geburtstag und alle sind glücklich, dass sie mit ihren 80 noch topfit ist. Und am 6-jährigen Geburtstag des Sohnemanns freuen sich alle, dass er nun bald in die Schule kommt. Nur bei Jesus ist das anders. An seinem Geburtstag, nämlich zu Weihnachten, denkt niemand daran, was für eine vollmächtige und liebenswerte Person er heute ist. Alle Jahre wieder gedenken die Menschen des Babys, das in der Krippe lag. Doch heute wollen wir Jesus so feiern, wie er ist: als Retter der Welt, Friedefürst, wunderbarer Ratgeber, ewiger Gott und als unseren Freund. Jesus, herzlichen Glückwunsch zu deinem Geburtstag!
E.DS.

25. DEZEMBER

Obwohl Jesus unter den Menschen lebte und die Welt durch ihn geschaffen wurde, erkannten die Menschen nicht, wer er wirklich war. Er kam in seine Welt, aber die Menschen nahmen ihn nicht auf.

Johannes 1, 10 –11 (HFA)

Du kamst vom Himmel zu uns herab —
kein Platz für dich, kein Platz für dich.
Ein großer König, der kein Zuhause hat —
kein Platz für dich, kein Platz für dich.
Ein Baby, hilflos und klein,
und das soll der Sohn Gottes sein?
Kaum zu glauben und trotzdem wahr:
Du bist der König der Könige, Halleluja!

(Daniel Kallauch aus CD »Hurra für Jesus 6«, © cap-music, 72213 Altensteig)

26. DEZEMBER

Dann erschien die Freundlichkeit und Menschenliebe Gottes, unseres Retters. Wir selbst hatten keine guten Taten vorzuweisen, mit denen wir vor ihm hätten bestehen können. Nein, aus reinem Erbarmen hat er uns gerettet.

Titus 3,4–5a (GNB)

Gott wird Mensch (Gott wird Mensch),
kommt zu uns (kommt zu uns),
stirbt für mich (stirbt für mich),
meine Schuld (meine Schuld).
Er steht auf (er steht auf)
von dem Tod (von dem Tod),
Jesus lebt (Jesus lebt), Halleluja!

(Daniel Kallauch aus CD »Hurra für Jesus 1«, © cap-music, 72213 Altensteig)

27. DEZEMBER

Du darfst sagen: »Beim Herrn bin ich geborgen!« Ja, bei Gott, dem Höchsten hast du Heimat gefunden. Darum wird dir nichts Böses zustoßen, kein Unglück wird dein Haus erreichen.
Psalm 91, 9–10 (HFA)

Gebet: Danke, mein Vater, dass du mich lieb hast und dich um mich kümmerst. Danke, dass ich bei dir zu Hause bin. Ich danke dir, dass du dir Gedanken um mich machst und dass ich dein Kind bin. Ich freue mich, dass deine liebevollen Hände mich beschützen und dass mir nichts passiert, was du nicht willst! Ich habe dich lieb.
A.L.

28. DEZEMBER

Hütet euch vor unkontrolliertem Zorn! Denn im Zorn tun wir niemals, was Gott gefällt.
Jakobus 1, 19–20 (HFA)

Warst du schon einmal so richtig zornig? Hast du da auch etwas gedacht, gesagt oder gemacht, was dir später Leid getan hat? Gott will uns vor diesen Fehlern schützen.
    Gebet: Bitte Jesus, hilf mir zu tun, was dir gefällt. Gib mir im Zorn deine Ruhe und deine Weisheit.
M.M.

29. DEZEMBER

Zwei haben es besser als einer allein, denn zusammen können sie mehr erreichen. Stürzt einer von ihnen, dann hilft der andere ihm wieder auf die Beine. Doch wie schlecht steht es um den, der alleine

ist, wenn er hinfällt! Niemand ist da, der ihm wieder aufhilft!
Prediger 4, 9 –10 (HFA)

Danke Gott für Freunde und Freundinnen und deine Familie, für Menschen, die dir helfen, dich stützen und begleiten, dass du nicht alleine bist! Überlege, wo du heute für jemanden eine Stütze sein kannst. Wer könnte mit deiner Hilfe das Doppelte erreichen?
E.S.

30. DEZEMBER

Ich selbst werde in meinem Heiligtum unter euch wohnen und mich nie wieder von euch abwenden. Ja, bei euch will ich leben, ich will euer Gott sein, und ihr sollt mein Volk sein.
3. Mose 26,11–12 (HFA)

Gott versteckt sich nicht vor uns. Damals, als das Volk Israel durch die Wüste wanderte, war Gott bei ihnen. Sie hatten für ihn ein fürstliches Zelt gebaut. Kostbare Decken lagen über den Zeltpflöcken. Man konnte es abbauen, wenn man weiter zog und wieder neu aufstellen, denn Gott wollte bei ihnen wohnen. Auf der heißen Wüstenstrecke wollte er voran gehen. Deshalb fühlte sich Mose auch nicht allein und konnte immer bei ihm Rat holen. Doch wo ist Gott heute? Er lässt sich nicht einsperren in einem kleinen Haus, auch nicht im großen Kölner Dom. Seine Wohnung ist das ganze All, aber auch unser kleines menschliches Herz. Der Weltenherrscher lebt mitten unter uns!
C.Sch.

31. DEZEMBER

Jabez betete zum Gott Israels: »Bitte segne mich, und lass mein Gebiet größer werden! Beschütze mich, und bewahre mich vor Unglück! Möge kein Leid mich treffen!« Gott erhörte sein Gebet.
1. Chronik 4, 10 (HFA)

Mein Vorschlag für heute: Schreibe dieses Gebet richtig schön auf ein Blatt Papier und hänge es in deinem Zimmer an einer Stelle auf, auf die du immer wieder schaust und lerne dieses Gebet auswendig. Lass dich überraschen, was Gott in deinem Leben tut. Jabez hat erfahren, das Gott sein Gebet erhört hat. Warum sollte er nicht auch auf dich hören?
B.K.

Von Anke und Daniel Kallauch gibt es noch viele andere interessante Bücher, CDs, Noten und Videos. Einen ausführlichen Prospekt erhalten Sie kostenlos bei:

cap!-music
Bahnhofstr. 45
72213 Altensteig
Tel.: 0 74 53 . 2 75 53, Fax: 0 74 53 . 2 75 91
email: info@cap-music.de
Internet: www.cap-music.de

Infos für Konzerte und Seminare:
MEGASPASS Musikmanagement
Fliederstraße 7a
26655 Westerstede
Tel: (01 80) 345 43 21
oder (0 44 88) 76 49 76 4
Fax: (01212) 5 13 59 42 89
e-mail: info@megaspass.de

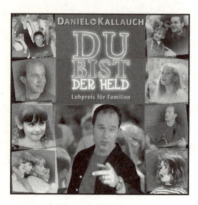

Du bist der Held

Das ultimative Lobpreisalbum für die ganze Familie. Eltern und Kinder fühlen sich gleichermaßen angesprochen. Eine CD mit vielen nachsingbaren Liedern für Familiengottesdienste. Knackig, fetzig und inspirierend.

CD 05340
MC 65340
Notenheft 55340
Playback-CD 75340

Hurra, es ist Familienzeit!

Zwölf Gottesdienstvorlagen mit Tempo und Tiefgang. Ein Praxisbuch von Anke Kallauch. Mit Liedhinweisen, Illustrationen, Theaterstücken, einem umfangreicher Einleitungsteil mit Motivation und biblischen Grundlagen sowie eine kräftige Portion Extratipps von Daniel Kallauch.

130 Seiten, Wire-o-Bindung.
Buch 51500
ISBN 3-9807046-6-1

Für aktuelle News:
www.DanielKallauch.de

Ich bin ein Kindergartenkind
Ein Liederhörspiel

Lustige Mitsinglieder für kleine Leute, die in den Kindergarten gehen. Lieder über die Laterne, übers Aufstehen, über den Regenbogen, über Gott und viele andere Dinge, die Kindergartenkinder so beschäftigen.

Überraschung: Spaßvogel Willibald, der vorwitzige, kleine Freund von Daniel Kallauch ist mit von der Partie, denn er muß auch in den Kindergarten. Wir begleiten die beiden auf ihrem Weg dort hin, mit vielen Liedern, jeder Menge Spaß und Anregungen.

Im Notenheft gibt es auch Bewegungsanleitungen und Aktionsideen zu den Liedern.

CD 05350
MC 65350
Notenheft 55350
Playback-CD 75350

Ab Dezember 2002
Ich bin ein Bibelfan
(für Kids von 8 bis 12 Jahren)

Eine fetzige und innovative CD für größere Kids mit modernen Sounds von Hip Hop bis Pop, zum Buch der Bücher. Eine Fundgrube an Kinder-Bibelsongs zum Bibeljahr, mit der kallauch-typischen Mischung aus Humor, treffenden Formulierungen und geistlichem Tiefgang.

Einige Titel: Ich bin ein Bibelentdecker, Die Bibel ist ein Schatz, Hier bist du richtig (der Pro Christ für Kids Hit!), Mir geht ein Licht auf, Ich bin ein Bibelfan, u.a.

Nachsingbare Ohrwürmer, die Appetit auf das Buch der Bücher machen.

CD 05360
MC 65360
Notenheft 55360
Playback-CD 75360

Glauben leben mit Kindern

family

Das christliche Magazin für Partnerschaft und Familie

- das sind Praxistipps, Tiefgang-Artikel, witzige Kolumnen
- das heißt fit bleiben in Ehe, Familie, Gemeinde und Beruf
- bietet klare Orientierung für ein kompliziertes Leben
- lädt ein zum Durchstarten im Alltag
- ist das Magazin, das ehrliche Antworten auf Tabufragen gibt

- In family finden Sie auch regelmäßig die Konzerttermine von Daniel Kallauch!

4 Ausgaben pro Jahr
€ 12,80 zzgl. Versandkosten

BUNDES-VERLAG GmbH · Bodenborn 43 · 58452 Witten
fon 0 23 02.9 30 93-915 · fax 0 23 02.9 30 93-698
abo@bundes-verlag.de · www.family.de